»In tausend Formen magst du dich verstecken«
Erotische Briefe der Weltliteratur
Herausgegeben von Annalisa Viviani

»In tausend Formen magst du dich verstecken«

Erotische Briefe der Weltliteratur

Herausgegeben von Annalisa Viviani

Athenäum

CIP-Kurztitelaufnahme der Deutschen Bibliothek

„In tausend Formen magst du dich verstecken“ : erot. Briefe d. Weltliteratur / Annalisa Viviani (Hrsg.). – Königstein/Ts. : Athenäum-Verlag, 1984.
ISBN 3-7610-8345-9
NE: Viviani, Annalisa [Hrsg.]

Umschlagabbildung: Kupferstich von P. Courtin, »Tändeleien«
Umschlaggestaltung: Bine Cordes, Weyarn
Satz: Main-Taunus-Satz Giebitz + Kleber GmbH, Eschborn
Druck und Bindung: F. L. Wagener & Co. KG, Lemgo
Printed in Germany
ISBN 3-7610-8345-9

Inhalt

Vorwort ... 7
Hēloïse an Abaelard ... 12
Pietro Bembo an Lucrezia Borgia ... 18
Beatrice da Ferrara an Lorenzo II. de' Medici ... 21
Heinrich VIII. an Anna Boleyn /
Anna Boleyn an Heinrich VIII. ... 24
Gaspara Stampa an den Grafen Collalto ... 28
Marianna Alcoforado an Noël Bouton de Chamilly ... 31
Ninon de Lenclos an den Marquis de Sēvignē ... 34
Sophie Dorothea von Hannover an
Philipp Christoph von Königsmarck ... 36
Montesquieu, Persische Briefe : Fatme an Usbek ... 37
François-Marie Voltaire an Marie Louise Denis ... 39
Emilie Marquise du Châtelet an den Herzog von Richelieu ... 40
Louise d' Epinay an Dupin de Francueil /
Dupin de Francueil an Louise d' Epinay ... 44
Marie Jeanne Dubarry an den Abbē de Goncier ... 48
Marie Jeanne Dubarry an de la Garde ... 48
Marie Jeanne Dubarry an den Duc d'Aiguillon ... 50
Marie Anne Marquise du Deffand an Horace Walpole ... 52
Jean-Jacques Rousseau an Sarah ... 56
Julie de Lespinasse an Jacques Antoine de Guibert ... 60
Katharina II. an Fürst Grigori Potemkin /
Fürst Grigori Potemkin an Katharina II. ... 64
Honorē Gabriel de Mirabeau an Sophie Monnier /
Sophie Monnier an Honorē Gabriel de Mirabeau ... 66
Giacomo Casanova an Maria Josefa oder
Maria Walpurga Lamberg ... 70
Johann Wolfgang Goethe an Christiane Vulpius ... 72
Briefe über die Galanterien von Frankfurt am Mayn in den
Jahren 1795/96 und 97 – in Briefen an S. ... 74
Napoleon an Josephine ... 76
Susette Gontard [Diotima] an Friedrich Hölderlin ... 78
Charlotte von Kalb an Jean Paul ... 82
Caroline Schlegel an Friedrich Wilhelm Schelling ... 83

Clemens Brentano an Karoline von Günderode 86
Ludwig van Beethoven an die „Unsterbliche Geliebte“ 88
Bettina von Arnim an Johann Wolfgang Goethe 91
Heinrich von Kleist an Adolphine Henriette Vogel 93
Clara Clairmont an Lord Byron 94
Fürst Metternich an Dorothea Lieven 97
Lord Byron an Teresa Guiccioli 100
John Keats an Fanny Brawne 104
Victor Hugo an Adèle Foucher 108
Alexander Puschkin an Natalja Nikolajewna Gontscharowa 113
Honoré de Balzac an Eva Hanska 115
George Sand an Alfred de Musset /
Alfred de Musset an George Sand 117
Natalja Zacharin an Alexander Iwanowitsch Herzen /
Alexander Iwanowitsch Herzen an Natalja Zacharin 123
Robert Schumann an Clara Wieck /
Clara Wieck an Robert Schumann 126
Elizabeth Barrett an Robert Browning /
Robert Browning an Elizabeth Barrett 130
Charles Baudelaire an Marie Daubrun 138
Gustave Flaubert an Louise Colet 141
Otto von Bismarck an Johanna von Puttkamer 146
Franz Liszt an Carolyne Sayn-Wittgenstein 148
Elise Krinitz [Mouche] an Heinrich Heine 150
Richard Wagner an Mathilde Wesendonck 152
Oscar Wilde an seine Frau Constance 155
Oscar Wilde an Lord Alfred Douglas 155
Oscar Wilde an Robert Ross 156
Oscar Wilde an Reginald Turner 157
Eleonora Duse an Gabriele d'Annunzio 160
Gabriele d'Annunzio an Amaranta 163
Gustav Mahler an Alma Schindler 165
George Bernard Shaw an Stella Patrick Campbell 166
Franz Kafka an Milena Jesenská 167
Iwan Goll an Claire Goll / Claire Goll an Iwan Goll 170

Anhang 177
Quellennachweis 187
Bildnachweis 191

Vorwort

»In allen Augenblicken meines Lebens, mein Freund, ich leide, ich liebe, ich erwarte Sie.« Was Julie de Lespinasse 1773 an ihren Geliebten, Jacques Antoine de Guibert, schrieb, kann als Motto über diese Auswahl erotischer Briefe vom Mittelalter bis zur Gegenwart gesetzt werden. Die Sammlung ist ein Streifzug durch Länder und Jahrhunderte europäischen Lebens und kann deshalb selbstverständlich keine Vollständigkeit erstreben. Ihre Absicht ist, vor dem Leser die persönlichsten und ausdrucksvollsten Zeugnisse des Gefühlslebens berühmter Gestalten der Weltliteratur und Geschichte auszubreiten, und sie so von einer bisher kaum bekannten Seite zu zeigen. Von der Unmittelbarkeit und Intensität des Gefühls diktiert, umschließen diese Bekenntnisse alle Formen der Liebe: das seelisch-geistige Begehren und Zueinander-Geneigtsein sowie verzehrende Leidenschaft und lebhafte Sinnlichkeit. »Habe den Mut, nur darum zu weinen, daß du nicht bei mir bist im Fleische, sondern nur in Gedanken, denn beide sind eines und nur im Abendmahl genießen wir den Gott, denn alles Wort muß Fleisch werden, auch das Wort der Liebe«, schrieb 1802 Clemens Brentano an Karoline von Günderode und brachte damit zum Ausdruck, daß Liebe weder allein Sinnlichkeit noch allein geistige Neigung, sondern eine innige Verbindung beider ist. Aus diesem Verständnis von Erotik heraus wurden die hier vorliegenden Briefe ausgewählt.

Kein Dokument scheint so eindringlich die persönliche Sphäre abbilden zu können wie der erotische Brief, der Erfüllungen und enttäuschte Hoffnungen, gefundenes Glück und erträumte Seligkeiten verrät. Die offenbar beschränkte Anzahl von Vokabeln, die für dieses Thema zur Verfügung steht, verwendet jeder Schreiber auf eine so ureigene Weise, daß jeder einzelne Brief unverwechselbar bleibt. Das sinnliche Verlangen, das im schriftlichen Zwiegespräch zwischen literarisch bekannten Liebenden aus Befangenheit meistens verschwiegen wird, vermögen die Maler und Künstler der Zeit mit größerer Freizügigkeit auszudrücken. Den bildenden Künstlern gelingt es, jene Befangenheit zu überwinden und kleine Kunstwerke mit zärtlichen, frivolen, spielerischen und durchaus gewagten, aber immer ästhetischen Szenerien zu schaffen, die die wechselnden Verstehens- und Darstellungsformen der Liebe im Lauf der Jahrhunderte illustrieren. Es ist bezeichnend, daß im Brief nur dann eine vorbehaltlose

Offenheit erreicht wird, wenn ein Mann einem Freund die eigenen erotischen Erlebnisse schildert – wie beispielsweise in dem in dieser Auswahl wiedergegebenen Brief aus den »Galanterien von Frankfurt am Mayn aus den Jahren 1795/1797« oder in dem erst im zwanzigsten Jahrhundert von den Normen der Zeit zugelassenen offenen Bekenntnis der Sinnenfreude bei James Joyce an seine Frau in zwei Briefen aus den Jahren 1909, die jedoch von den Rechteinhabern zur Einzelveröffentlichung nicht freigegeben werden. Eine direkte Offenbarung dem oder der Geliebten gegenüber scheint dem »moral sense« zu widersprechen, und so beschränken sich diese Schreiber auf Topoi, greifen auf Bilder und Formeln zurück, die, aus einem bestimmten ästhetischen Gefühl heraus verwendet, eine einheitliche Tradition von der Spätantike über das Barock und Rokoko darstellen und bis heute lebendig geblieben sind. Gestaltet in der bildenden Kunst die Sinnlichkeit das Äußere der Liebe, so in den schriftlichen Zeugnissen die geistige Neigung ihr Wesen. So werden die Briefe der Franzosen von der Galanterie, der Spanier von der Ehrfurcht vor der Geliebten, der Italiener von der Eifersucht, der Deutschen von der Schwärmerei der Treue oft bestimmt.

Die Auswahl führt mit Absicht nur einige berühmte Liebespaare vor und zeigt sie teils in glühenden Monologen, teils in einem zärtlichen Wettgesang. Oft sind die Frauen die Werbenden, die Männer die Umworbenen, Umstrittenen, Überwinder. Die Frauen kämpfen am heftigsten um das Bestehen ihrer Liebe, wobei sie zwar oft den Geliebten, nicht aber ihre Liebe freigeben. Da der bloßen Betätigung eines nicht gefährdeten Glücks häufig der verzweifelte Ausbruch der Leidenschaft fehlt, von der diese Briefauswahl geleitet wird, wurden Briefe nicht aufgenommen, deren literarische Berühmtheit in keinem Verhältnis zu ihrer seelischen Leere steht.

Gleichzeitig machen die in den folgenden Briefen sich widerspiegelnden Beziehungen und Konflikte auch die Normen der Zeit transparent. So sind die Briefe von Hēloïse an Abaelard und von der portugiesischen Nonne Marianna Alcoforado an den Marquis de Chamilly das Zeugnis einer Liebesbeziehung, die allem widersprach, was in Zeit und Gesellschaft duldbar schien: Für Hēloïse gab es als einzigen Ausweg auf diesen Verstoß die Abgeschiedenheit des Klosters, Abaelard traf die grimmige Rache der Verwandtschaft seiner Geliebten, die ihn überfallen und entmannen ließ; der Marquis de Chamilly vergaß alsbald seine Geliebte, dreißig Jahre lang büßte Marianna für ihre Leidenschaft. In der Weltgeschichte der Liebenden sind es jedoch keine vereinzelten Fälle. Der junge Graf

Philipp Christoph von Königsmarck wurde im Auftrag des Hannoveranischen Hofes ermordet und spurlos beseitigt, um seinem Verhältnis mit der Kurprinzessin Sophie Dorothea von Hannover, die mit dem späteren englischen König Georg I. verheiratet war, ein Ende zu setzen.

Die Briefe florentinischer Kurtisanen des 16. Jahrhunderts, die reichen Müßiggängern und Adligen – darunter Lorenzo II. de'Medici – ihre Dienste zukommen ließen, ebenso wie die Briefe französischer Mätressen – beispielsweise der Gräfin Dubarry, der Geliebten Ludwigs XV. –, die heute allgemein als Fälschungen gelten, sind ein fortlaufender Kommentar zur Geschichte der Stellung der Frau im gesellschaftlichen und geistigen Leben der verschiedenen Zeitepochen. Im 17. Jahrhundert wurde dann aus der Liebesbeziehung Galanterie, aus der Liebe Liaison. Ganz Europa bemühte sich, das Accessoire des Hoflebens zu adaptieren, ohne jedoch die Erotik von Versailles zu kopieren.

Einen großen Raum nehmen in dieser Auswahl die Briefe des Rokoko ein, zwischen zügelloser Sinnlichkeit und galanter Verführung schwankend. Das Andenken an die Frauen erlischt bald: die Marquise du Châtelet, Louise d'Epinay, die Marquise du Deffand, Julie de Lespinasse – die Männer leben weiter, lieben mit der gleichen geistigen Kühle und Sinnesfreude andere Frauen. Aber diese geistreichen, manchmal gelehrten Weltdamen stehen schärfer umrissen vor uns als die Männer, denen ihr Herz und ihr Geist anhing – Richelieu, Voltaire, Francueil, Walpole, Guibert. Sie geben sich rückhaltloser als die Männer ihrer Leidenschaft hin, vielleicht weil diese Männer zum größten Teil in der Gesellschaft und in der Welt der Gelehrten und Dichter aufgingen. Verhängnisvolle Leidenschaft spiegelt sich in den Briefen der Marquise du Deffand an den Kunstkenner-, sammler und Schriftsteller Horace Walpole. Dieser Briefwechsel steht vielleicht in der Weltliteratur einzig da und spiegelt das stete Werben einer siebzigjährigen Frau: ihre Demütigungen vor dem wesentlich jüngeren Mann, dessen »liebe Kleine« sie sich nennt, ihr Sich-Aufbäumen gegen diese Leidenschaft, das Betteln um Liebe und die kühle abweisende Ruhe des Weltmanns wider, der sich schroff verbittet, durch eine Liaison oder Korrespondenz lächerlich gemacht zu werden. Dieses Werben um die Gunst des Mannes finden wir in gleicher Leidenschaft bei Louise d'Epinay wieder, der Schriftstellerin, die ihren Umgang unter Märnnern wie Diderot und Holbach sucht. Sie wird gefesselt durch den Großvater der George Sand, Dupin de Francueil; später tritt Baron Grimm an seine Stelle. Rousseau spielt in ihrem Leben eine Rolle, wenn auch nur eine bescheidene. Auch Julie de Lespinasse, die Leiterin eines Salons, in dem die

Koryphäen der Gesellschaft, Kunst und Literatur verkehrten, läßt sich von einer tragischen Leidenschaft im Widerstreit von Vernunft und rasendem Empfinden verzehren. Ihre Zeilen an den geliebten Guibert gleichen einem Aufschrei. Sie finden ein Gegenbeispiel in der literarisch weit berühmteren, aber gekünstelten Empfindung, aus der heraus Ninon de Lenclos ihre Liebesbriefe schrieb, die sich mit ihren differenzierten Theorien erotischen Verhaltens manchmal wie Fragmente aus einem Lehrbuch der Galanterie lesen. Sogar eine Frau wie Zarin Katharina die Große von Rußland, die ihr Zeitalter entscheidend prägte, war ihrem Liebhaber, Fürst Potemkin, gänzlich verfallen; immer wieder rang sie mit sich, um stets von neuem ihre Schwäche eingestehen zu müssen.

Aber es ist kein Kennzeichen der Frauen, ihre Schwäche und Abhängigkeit vom Geliebten einzugestehen. Ruhelos, umgetrieben sein Leben lang, wird Rousseau immer von neuem der Liebe untertan; er lebt sechsundzwanzig Jahre mit Thérèse Levasseur zusammen, verliebt sich in die Gräfin Houdetot, die Schwester von Louise d'Epinay; es gelingt ihm aber nicht, sie zu erobern. Sie ist nur bereit, ihm Freundschaft zu geben – Freundschaft, wie sie ihm jene Sarah schenkte, an die er als gereifter Mann vier Briefe richtete, die seine erfolglosen leidenschaftlichen Bemühungen dokumentieren. Napoleon, der gefürchtete Staatsmann, zeigt sich als der ungestüme, eifersüchtige Korse in seinen frühen Briefen an Josephine. Fürst Metternich, die glanzvolle Schlüsselfigur des Wiener Kongresses, verliebt sich mit fünfundvierzig Jahren in die Fürstin Dorothea Lieven. Bismarck, der Eiserne Kanzler, war seiner Frau Johanna von Puttkamer verfallen, an ihrem Sterbebett bekannte er: »Was ich bin, hat meine Frau aus mir gemacht!« Alexander Puschkin zerbrach an seiner Leidenschaft zu seiner Frau.

Hatte das Rokoko die erotisch-spielerische Komponente der Gefühle betont, so war die Romantik fünf Jahrzehnte später von jenen schwärmerischen Vorstellungen von geistiger Bruderschaft und Liebe bestimmt, wie sie Bettina von Arnim in ihren Briefen aufzeichnet. Der Liebe, deren seelisch-geistige Komponente ausschließlich im Mittelpunkt steht, wird beinahe eine kosmische Dimension verliehen. Diese Poetisierung tritt in den darauf folgenden Jahrhunderten jedoch zurück, die Briefe des späten 19. und 20. Jahrhunderts sind fern von jedem Spiel, jeder Verzärtelung der Gefühle. George Sand und Natalja Herzen bekennen leidvoll in ihren Briefen ihre seelische Einsamkeit und das Gefühl des Verlorenseins. So quälen sich zu Beginn unseres Jahrhunderts auch Eleonora Duse in ihren Briefen an Gabriele d'Annunzio oder Kafka in seinen Briefen an Milena.

Die Einsamkeit vermittelt den Schreibern das Bewußtsein der Brüchigkeit ihrer Existenz, der Gefährdung, die im Grunde ein Leitmotiv zu allen Briefen dieser Sammlung ist.

Iwan und Claire Goll – ein Paar, das seine Liebe beinahe als Kult zelebrierte und der Welt preisgab – versuchen dieser Gefährdung zu entrinnen. »Ob ich glücklich bin? Vielleicht doch deshalb, weil du immer im Hintergrund meines Lebens stehst, du mich beleuchtest, über mich leuchtest«, schreibt Iwan 1936 an seine Frau. Die Bekenntnisse von Iwan und Claire Goll schließen den Reigen dieser Auswahl erotischer Briefe, deren Anliegen es ist, das Thema Liebe in immer wieder abgewandelter Gestalt widerzuspiegeln. Erotische Briefe späterer berühmter Zeitgenossen – wenn sie die jahrhundertealte Tradition des »Liebesgrußes« aufrechterhalten haben – sind der Öffentlichkeit aus naheliegenden Gründen der Diskretion noch nicht zugänglich.

Annalisa Viviani

Hëloïse an Abaelard

12. Jahrhundert

Ihrem Herrn und vielmehr ihrem Vater, ihrem Gatten und vielmehr ihrem Bruder, seine Magd und vielmehr seine Tochter, seine Gattin und vielmehr seine Schwester, dem Abaelard Hëloïse.

Den Brief, den du kürzlich einem deiner Freunde gesandt hast, um ihn zu trösten, Vielgeliebter, ist durch Zufall bis zu mir gekommen. Ein auf die ersten Zeilen geworfener Blick reichte hin, um augenblicklich zu erkennen, daß er von Dir sei, und ich habe ihn mit um so größerem Eifer gelesen, als ich die Hand liebe, die ihn schrieb. Ich wollte wenigstens in seinen Worten ein Bild dessen, den ich verloren, wiederfinden. Ach, fast alle Einzelheiten dieses Briefes waren voll Galle und Wermuth; denn sie enthielten nichts anderes als den schmerzlichen Bericht von unserer Bekehrung und von deinen fortwährenden Leiden, o mein einziges Gut!

Du hast nur zu sehr das Versprechen gehalten, das du diesem Freunde zu Anfang seines Briefes getan, und er mußte sich überzeugen, daß seine Leiden nichts oder doch nur sehr Geringes seien, im Vergleich mit den Deinigen. Du erzähltest zuerst die gegen Dich gerichteten Verfolgungen Deiner Lehrer und den schändlichen Verrat, dem Dein Leib erlag; dann zu Deinen Mitschülern Alberich von Reims und Lotulf aus der Lombardei übergehend, hast Du deren abscheuliche Eifersucht und übertriebene Verfolgungswut geschildert.

Du hast weder ihre feindseligen Beschuldigungen noch den Scheiterhaufen, der Dein ruhmvolles theologisches Werk verzehrte, oder jene Art des Kerkers, dessen Türe sie hinter Dir schlossen, vergessen. Dann kommen die Umtriebe Deines Abtes und Deiner heimtückischen Brüder und die Verleumdung jener beiden falschen Apostel, durch Deine Neider zu Deinem Verderben entfesselt, so wie das in der Ferne erregte Aufsehen durch den ungewöhnlichen Namen Paraklet, den Du Deinem Gotteshaus gegeben. Die unerträglichen und unaufhörlichen Redereien endlich, mit welchen jener grausame Feind und jene abscheulichen Mönche, die Du noch Deine Söhne nennst, Dich überhäufen, sind die letzten Züge, welche dieses traurige Gemälde vollenden.

Niemand kann, glaube ich, eine so rührende Geschichte lesen oder hören, ohne Tränen zu vergießen. Zu treue Erinnerungen, welche alle meine

Schmerzen erneuert haben! Deine Gefahren, die Du als stets wachsend darstellst, vermehrten sie nur. Wir sind alle dahin gebracht, an Deinem Leben zu zweifeln, und täglich erwarten unsere unruhig klopfenden Herzen als letzte Nachricht das Gerücht von Deinem Tode.

Im Namen Christi, der Dich noch für seinen Dienst zu beschützen scheint, und dessen höchst geringe Mägde wir sind, ebenso wie die Deinigen, beschwören wir Dich, wolle uns oft schreiben. Sage uns, welche Stürme Dich noch in ihrem Schoße umherschleudern, wir haben das Bedürfnis es zu wissen. Uns allein hast Du ja nur noch auf der Welt; gib uns unseren Teil an Deinen Leiden und an Deinen Freuden. Verwundete Herzen finden einigen Trost in dem Mitleid, das Sie einflößen; eine von mehreren getragene Last trägt sich leichter und scheint leichter zu sein. Wenn dieser Sturm sich ein wenig legt, beeile, beeile Deine Briefe, wir können nicht früh genug beruhigt werden. Was auch ihr Inhalt sein möge, sie müssen uns wohl tun, denn sie beweisen uns wenigstens, daß wir in Deiner Erinnerung fortleben. [. . .]

Teurer, Teurer, Du weißt es, und keinem ist es unbekannt, daß ich alles verlor, indem ich Dich verlor; das abscheuliche Verbrechen, das Dich meiner Zärtlichkeit raubte, hat mich auch mir selbst geraubt; aber indem ich Dein gedenke, erlischt die Größe meines Verlustes noch in dem unvergleichlichen Schmerz, den ich fühle, Dich auf solche Weise verloren zu haben. Je quälender mein Schmerz ist, desto mehr fordert er gründlichen Trost. Und nicht von einem andern erwarte ich denselben, sondern von Dir, damit aus der Quelle meiner Leiden auch die Wohlfahrt der Heilung fließe. Du allein kannst mich betrüben, Du allein mich freudig machen oder mein Leid einschläfern. Du allein bist dazu verpflichtet; denn ich habe, ich kann es sagen, das Maß Deines Willens erfüllt, und anstatt Dir in was es auch immer sein möge, zuwider zu handeln, habe ich den Mut gehabt, mich selbst zu verderben, um Dir zu gehorchen. Ich bin noch weitergegangen, und durch eine wunderbare Anstrengung hat meine Liebe sich in ihrem Wahnsinn dahin verirrt, daß sie ohne alle Hoffnung auf Wiedervergeltung den einzigen Gegenstand ihrer glühenden Wünsche opferte. Auf Deinen Befehl in der Tat habe ich mit einem anderen Herzen ein anderes Gewand angenommen, um Dir durch dieses große Opfer zu zeigen, daß Du eben sowohl der einzige Herr meines Körpers wie meines Herzens seiest.

Niemals, Gott weiß es, habe ich etwas anderes in Dir gesucht, als Dich selbst. Du warst es, Du allein, nicht Deine Güter, die ich liebte. Ich habe mich weder um die ehelichen Rechte noch um das Wittum, weder um meine Freuden noch um meinen Willen gekümmert; Dein Wille war es, Du weißt es wohl, den ich mir angelegen sein ließ zu befriedigen.

Obgleich der Name Eheweib für heiliger und sicherer gehalten wird, so wäre ein anderer Name meinem Herzen immer teurer gewesen, der Deiner Geliebten, ja – werde ich es sagen, ohne Dich zu beleidigen? – der Deiner Beischläferin oder Deiner Lustdirne; denn ich hoffte, daß je mehr ich mich klein und demütig machte, desto mehr würde ich mich in Gnade und Gunst bei Dir heben und, auf diese Rolle beschränkt, Deiner glorreichen Bestimmung desto weniger hinderlich sein.

Ich danke Dir, daß Du in dieser Hinsicht nicht ganz meine Gesinnungen vergessen hast in dem Brief, den Du an Deinen Freund richtetest, um ihn zu trösten. Du hast es nicht verschmäht, an einige der Beweggründe zu erinnern, durch die ich mich bemühte, Dich dieser verderblichen Ehe abwendig zu machen; aber Du übergingst mit Stillschweigen fast alle Gründe, die mich die Liebe der Ehe, die Freiheit diesen unauflöslichen Banden vorziehen ließen. Ich rufe Gott zum Zeugen, daß wenn Augustus, der Oberherr der Welt, mir die ausgezeichnete Ehre seiner Hand angeboten, indem er das Reich der Welt mir zu Füßen legte, so hätte ich doch mit größerer Freude den Namen Deiner Buhle, als den Titel Kaiserin angenommen [. . .]

Wie teuer bin ich Dir zu stehen gekommen, und doch weißt Du, daß ich recht unschuldig daran bin. Das Verbrechen liegt nicht in der Tat, sondern in der Absicht. Die Gerechtigkeit wägt nicht das Ereignis, sondern den Gedanken, der es lenkte. Du allein hast meine Gesinnungen erprobt. Du allein kannst sie beurteilen. Ich lege alles in Deine Entscheidung, ich stelle alles Deinem Zeugnis anheim.

Sage mir nur, wenn Du es kannst, warum seit unserem Eintritt in den geistlichen Stand, den Du beschlossen, ohne mich zu befragen, Du mich dermaßen vernachlässigt, dermaßen vergessen hast, daß es mir nicht vergönnt wurde, Deine Gegenwart zu erlangen, um meinen Mut neu zu beleben, ja nicht einmal einen Brief von Dir, um mir Deine Entfernung erträglich zu machen. Sage es, wenn Du es kannst, ich bitte Dich darum, oder ich werde sagen, was ich denke und was alle Welt argwöhnt. Die Begierde mehr als die Zärtlichkeit trieb Dich in meine Arme, das heiße Blut mehr als die Liebe. So wie einmal Deine Triebe befriedigt waren, verschwanden alle Deine leidenschaftlichen Bewerbungen.

Was ich hier ausspreche, teurer Vielgeliebter, ist nicht so sehr meine Vermutung als die Vermutung aller, nicht so sehr eine persönliche Befürchtung als eine festgestellte Meinung, nicht so sehr eine einzelne Emp-

1.
»Hēloïse empfängt Abaelard im Paraklet«.
Lithographie von Jean Gigoux (1806–1894).

findung als ein allgemeiner Gedanke. Wollte Gott, ich hegte allein diese Ansicht, und daß Deine Liebe einige Verteidiger fände, deren Stimme den Aufschrei meines Schmerzes einigermaßen unterdrückte! Wollte Gott, ich könnte mir Gründe einbilden, um Dich zu entschuldigen und mich zu überzeugen, daß mein Andenken Dir noch notwendig sei!
Erwäge, ich beschwöre Dich, was ich von Dir verlange! Es ist so Geringes und wird Dich so wenig kosten. Da Deine Gegenwart mir entzogen ist, können Worte Wünsche aussprechen, daß sie mir wenigstens das Süße Deines Bildes wiedergeben. An Worten fehlt es Dir nicht, und wie soll ich Dich freigebig an Dingen finden, wenn ich über Deinen Geiz mit Worten klagen muß? Bis jetzt hatte ich viel von Dir zu verdienen geglaubt, da ich alles für Dich getan, und noch fortwährend in unbeschränkter Unterwüfigkeit verharrte? Nicht die Frömmigkeit wenigstens, sondern ein Befehl aus Deinem Munde, hat meine Jugend der klösterlichen Strenge als Beute hingeworfen. Ich habe mich also vergebens geopfert, wenn Du mir das gar nicht anrechnest? Wird Gott mich dafür belohnen? Nein, denn es ist klar, daß ich nichts aus Liebe zu ihm getan habe.

Als Du zu Gott gingst, folgte ich Dir, was sage ich? ging ich Dir voran. Wie von der Erinnerung an Loths Weib ergriffen, das hinter sich blickte, hast Du mich zuerst in das geweihte Kleid und die Gelübde begraben, hast meine Sklaverei vor der Deinigen vollzogen. Dieses Mißtrauen, das einzige, das Du je mir zeigtest, erfüllte mich, ich gestehe es, mit Schmerz und Scham. Ich, die ohne zu zaudern, Gott weiß es, Dir gefolgt oder Dir vorangegangen wäre in die glühenden Schlünde der Erde, wenn Dir es so gefallen hätte; denn mein Herz war nicht mit mir, sondern mit Dir. Und heute noch, mehr als je, wenn es nicht mit Dir ist, so ist es nirgends, weil es ohne Dich nicht existieren kann. Habe doch Nachsicht mit ihm, ich beschwöre Dich, und er wird finden, daß Du nachsichtig seiest, wenn Du einwilligst, es zu beklagen, wenn Du ihm Gunst um Gunst gewährst, wenig für viel, Worte für Dinge. Wollte Gott, mein Vielgeliebter, Deine Zärtlichkeit wäre weniger vertrauensvoll! Mit etwas weniger Sicherheit würdest Du mehr Sorgfalt für mich haben. Weil ich Dir zuviel Sicherheit gab, zog ich mir Deine Vernachlässigung zu. Erinnere Dich, ich bitte Dich, was ich für Dich getan und bedenke, was Du mir schuldest!

In den verzauberten Stunden unserer Liebesentzückungen konnte man zweifeln, ob ich mich dem Triebe meines Herzens oder dem Instinkt des Genusses hingab. Jetzt erklärt das Ende den Anfang. Ich habe meine Sinne mit dem Bannfluch belegt, um Deinem Willen zu gehorchen. Mein ganzer Ehrgeiz war, so und vor allem Dein Eigentum zu werden. Wie groß ist also Deine Ungerechtigkeit, wenn, wie die Opfer sich vermehren, die Dankbarkeit sich vermindert, ja sogar ganz erlischt, besonders wenn etwas so Leichtes von Dir verlangt? Ach, ist denn das zuviel?

Bei dem Gott, dem Du Dich geweiht hast, beschwöre ich Dich, gib mir Deine Gegenwart auf die Dir mögliche Weise wieder, das heißt durch die tröstende Kraft eines Briefes. Dadurch neu belebt, werde ich wenigstens dem Dienste Gottes eifriger obliegen. Ehemals, wenn Du mich zu weltlichen Genüssen fortreißen wolltest, besuchtest Du mich unaufhörlich mit Deinen Briefen; täglich brachten Deine Lieder Deine Hēloïse in aller Mund; alle Orte, alle Häuser hallten meinen Namen wider. Hat Deine Beredsamkeit nicht jetzt einen heiligeren Beruf, mich gen Himmel zu tragen, als sie ehemals hatte, mich zu weltlichen Freuden zu locken? Noch einmal, erinnere Dich Deiner Pflichten, bedenke was ich verlange, und ich ende diesen langen Brief mit einem kurzen Schluß:

Lebe wohl! Du bist mein Alles!

Pietro Bembo an Lucrezia Borgia

14. Juli 1503

Es gereicht mir zur Genugtuung, daß Ihr täglich darauf bedacht seid, neue Mittel ausfindig zu machen, die geeignet sind, meine Liebesglut immer mehr anzufachen, wie Ihr es heute getan habt, als Ihr mir etwas schicktet, was Eure leuchtende Stirn umrahmt hat. Wenn Ihr dies tut, weil Ihr in Eurem Herzen eine gewisse Wärme spürt und dafür den anderen in hellen Flammen lodern sehen wollt, so will ich gern für jeden Funken bei Euch ungezählte Vulkane in meinem Busen tragen. Tut Ihr dies aber, weil Euch der andere teuer und wert ist, wer kann mir da gerechterweise einen Vorwurf machen, wenn er die Veranlassung meines Glühens kennt? Sicher kann ich nicht fehlen, wenn ich dem Evangelium und so vielen Wunderzeichen Glauben schenke. An Euch aber nehme Amor gerechte Rache, wenn Ihr von Stirn anders seid als im Herzen.

Venedig, 10. Februar 1505

Solange ich lebe, erinnere ich mich nicht, je einen Brief erhalten zu haben, der mir so süß gewesen wäre, wie der, den Eure Herrlichkeit mir bei meiner Abreise übergab und in dem Ihr mir den deutlichsten Beweis liefertet, daß ich in Eurer Huld stehe. Wenn ich auch dafür schon früher einige Anzeichen gehabt habe, so hat mir doch diese Gewißheit von Eurer Hand unendliche Genugtuung und Beruhigung gewährt. Ich sage Euch daher allen Dank, den ich Euch für ein so köstliches Geschenk schulde – habe ich doch auf der Welt nichts anderes als Euch. In Erwiderung auf die Stelle, in der Ihr sagt, ich hätte wohl daran getan, Euren Kummer durch meinen Brief zu lindern, und daß Ihr schon längst darauf gewartet hättet, versichere ich Euch, daß ich Euch das erstemal, das ich Euch sah, so fest in mein Herz geschlossen habe, daß Ihr in keinerlei Weise wieder herauskönnt. Und wenn ich lange Zeit Euch gegenüber geschwiegen habe, so ist dies aus dem Grunde geschehen, weil mein verwünschtes Mißgeschick, das sich all meinen weiterreichenden Wünschen auf das heftigste entgegenstemmt, es gewollt hat, daß mein einziges Sinnen und Trachten darauf stand, wie ich die Glut in meinem verwundeten und entflammten Herzen stillen könnte. Obgleich nun dieses selbe Mißgeschick mir jetzt mehr als je hindernd in den Weg tritt, so schreckt es mich dennoch nicht ab und wird mich niemals abschrecken, Euch trotzdem zu lieben, Euch für meine und meines Lebens einzige und teure Herrin zu halten und Euch mit all jener lauteren und von Herzen kommenden Treue zu dienen, mit der ein aufrichtig und unwandelbar Liebender der Dame, die er über alles auf Erden liebt und verehrt, dienen kann. Ich bitte Euch inständig, ändert Eure Gesinnung betreffs dieser Liebe nicht, wenn sich auch, wie Ihr seht, vieles unseren Wünschen hindernd in den Weg stellt, sondern seid um so mehr darauf bedacht, Eure Liebe zu höherer Glut anzufachen, je mehr Ihr die Schwierigkeiten Eures Unternehmens erkennt, und bedenkt, daß jedermann zu lieben versteht, wo alles leicht und günstig und glatt vonstatten geht, wo sich aber tausend Schwierigkeiten und Hemmnisse, tausend Wachen, tausend Barrikaden, tausend Mauern entgegenstellen, da vermag nicht jedermann zu lieben oder will es nicht, wenn er es auch vermag, oder besitzt keine Ausdauer, wenn er es auch will. Daher ist es auch etwas sehr Seltenes, und weil es sehr selten ist, ist es auch etwas sehr Schönes, Hochherziges, Rühmenswertes und ein klarer Beweis sowie ein deutliches Anzeichen einer edlen, erhabenen Gesinnung. Denn, wie sehr ich auch eine ruhige Entwicklung unserer Liebe Schwierigkeiten vorziehe, so höre ich doch nicht auf, mich an der Kühnheit des Gedankens zu weiden, daß ich Euch allen Schicksalsgewalten zum Trotz liebe und daß es nichts gibt, was mir diese Liebe aus dem Herzen reißen kann. Ich stelle mir vor, daß, wenn auch Ihr Euch durch nichts bewegen laßt, mir Eure Liebe zu entziehen, endlich doch der Tag kommen muß, an dem das Schicksal von uns besiegt und überwunden wird, wenn wir nur den Mut nicht sinken lassen. Dann wird uns die Erinnerung an unsere Festigkeit und Beständigkeit lieb und wert sein, und wir werden uns bei dieser Erinnerung glücklich fühlen, da der Triumph um so größer und erhebender ist, je schwerer und mühsamer der Sieg zu erringen war. Da Ihr mich versichert, Ihr wünschtet das Leben nur, um es mir zu widmen, so erkläre ich Euch, daß ich fortan nicht nur ebenfalls mein Leben einzig zu dem Zwecke verwenden will, Euch zu dienen, und nach nichts anderem trachten, auf nichts anderes sinnen, sondern daß ich mich auch keinen Augenblick bedenken will, es Euch zuliebe aufs Spiel zu setzen und hinzuopfern. Da man doch auf alle Fälle sterben muß und zehn bis zwanzig Jahre mehr oder weniger keinen Unterschied ausmachen, so wäre es mir viel erwünschter, wenn ich doch einmal diese Welt verlassen muß, daß dies jetzt und in Eurem Dienste geschähe, als daß ich, Eurer Huld beraubt, noch lange zu leben hätte. Da Ihr wißt, daß ich mich glücklich schätze, wenn ich Euch etwas zuliebe tun kann, so bitte ich Euch, Ihr möchtet ganz ohne Rücksicht auf mein Leben über mich verfügen. Vor allem aber bitte ich Euch, darauf achtzu haben, daß niemand Eure Gedanken erfahren oder erraten kann, damit uns die Wege, die zu unserer Liebe führen, nicht noch mehr versperrt und verlegt werden, als es jetzt schon der Fall ist. Traut niemand, es sei auch, wer es wolle, bis ich zu Euch komme, was bestimmt zu Ostern geschehen wird, wenn ich dann noch am Leben bin. Der Überbringer dieser Zeilen, der mir auf das treueste ergeben ist, wird auf dem Rückweg von Verona wieder bei Euch vorsprechen, um sich zu erkundigen, ob Ihr mir keine Befehle zu erteilen habt. Habt die Gewogenheit, in der Zwischenzeit eine Antwort für mich fertigzumachen und sie ihm in der größten Heimlichkeit auszuhändigen; dann wird sie mir auf das sicherste überbracht werden. Da wir uns ferner nicht mündlich unterhalten können, so bitte ich Euch, damit zufrieden sein zu wollen, daß Ihr brieflich mit mir nach Herzenslust plaudern könnt, und mir zu berichten, in welcher Weise Ihr lebt, welches Eure Gedanken sind, wer Euer Vertrauter ist, was Euch quält und was Euch tröstet. Achtet wohl darauf, daß Euch niemand schreiben sieht; denn ich weiß, daß man Euch bewacht. Ich werde also, wie erwähnt, zu Ostern kommen und auf einen Monat oder etwas länger nach Rom gehen.

Nunmehr küsse ich Eure allersüßeste Hand, von der mein Herz zusammengepreßt wird, und außerdem küsse ich, wenn Ihr mir die Erlaubnis dazu gebt, eins von Euren holden, strahlenden und süßen Augen, die mein ganzes Herz verzaubert haben und die hauptsächlichste und schönste, wenn auch nicht die einzigste Ursache meiner Liebesglut sind. Erinnert Euch bisweilen daran, daß ich an nichts anderes denke, nichts anderes vor Augen habe, nichts anderes verehre als Euch, und daß ich keine Schicksalsschläge, kein Unglück, das mich treffen könnte, fürchte, wenn ich weiß, ich gehöre Euch in treuem Gedenken und in Liebe an, daß ich keine andere Seligkeit in diesem Leben kenne als Eure Zuneigung, die der sicherste Hafen und Ruheplatz für mein umhergeworfenes Lebensschifflein ist. Habt die Gewogenheit, das beifolgende Agnus Dei, das ich eine Zeitlang auf meiner Brust getragen habe, zuweilen des Nachts aus Liebe zu mir zu tragen, wenn Ihr es am Tage nicht tragen könnt, damit die teure Wohnstatt Eures herrlichen Herzens, die ich ein einziges Mal küssen möchte, und sei es um den Preis meines Lebens, wenigstens von dem Amulett, das lange Zeit auf der Wohnstatt des meinen geruht hat, berührt wird.

Beatrice de Ferrara an Lorenzo de' Medici

Rom, um 1515/1516

Erhabenster und durchlauchtigster Herr Commendatore usw. Ich bin nicht so zaghaft, daß mir der Mut fehlte, Euer Durchlaucht gegenüber etwas Anmaßung zu zeigen. Ich weiß, Ihr werdet Euch darüber wundern, aber sei es, wie es wolle! Ich bin Eure Dienerin, ja sogar Eure Magd und werde es sein, selbst wenn Ihr mich nicht würdigt, mich als solche anzunehmen.

Damit Ihr nun über all mein Tun und Treiben unterrichtet seid, will ich lieber durch mein Schreiben den Vorwurf der Dreistigkeit auf mich laden als durch Nichtschreiben den der Saumseligkeit.

Nun hört, erhabenster Herr, ob ich Euer Durchlaucht geliebt habe und liebe, ja sogar verehre. Ich habe von dem schrecklichen Unfall Euer Durchlaucht gehört und wollte den Versuch machen, Gott für Euch zu bitten; aber da lagen mir gewisse zudringliche Menschen, die schlimmer waren als Spanier, Tag und Nacht in den Ohren, um mich . . . na, Ihr wißt schon was – beinahe hätte ich es gesagt, aber aus Ehrerbietung schweige ich davon –, so daß ich nicht den kleinsten Augenblick übrig hatte, um an Euer Durchlaucht zu denken, so sehr war ich in Anspruch genommen . . . das Nähere sage ich Euch ein andermal. Dennoch nahte, als Gott wollte, jene Woche, in der Christus aus Liebe zu uns und zu unserer Erlösung in den Tod gehen wollte. Daher nahm ich mir vor, mich ganz meinem Seelenheil zu widmen, und ließ allen meinen Freunden sagen, ich hätte . . .; sie müßten sich also bis auf weiteres gedulden . . . So beichtete ich nun, halb und halb zerknirscht, bei unserem Prediger von S. Augustino; ich sage: unserem, denn all wir H[uren], soviel wir unser in Rom sind, gehen in seine Predigten. Da er nun eine so ansehnliche Zuhörerschaft um sich versammelt sah, richtete er sein einziges Augenmerk darauf, uns zu bekehren. Ach, eine harte Aufgabe! Meinetwegen hätte er hundert Jahre lang schwatzen können! Dennoch ist es ihm gelungen, die Gambiera zur Nonne zu machen; sie nennt sich jetzt Schwester Sophia, sie, die sich einst . . . rate, was ich gesagt habe! Auch die Taddea scheint ihm ins Garn gehen zu wollen, und ich hätte es vielleicht auch getan, aber ich mußte immer daran denken, daß ich dadurch meine Freiheit einbüßen würde, und so überlegte ich es mir noch. Ich beichtete also, wie gesagt, dem Prediger und gab ihm zwei Dukaten, d. h. von Gold, was mir jetzt in der Seele weh tut; denn er wird sie verprassen, und wenn ich sie wiederum verdienen will . . . na, Euer Durchlaucht wissen schon. Doch wie Gott will; es ist nun einmal geschehen. An demselben Tag, da ich beichtete, beichteten auch die Gambiera und die Taddea, und zwar alle bei demselben Prediger. Euer Durchlaucht können sich denken, was er da für eine Menge netter Dinge in einem Zuge zu hören bekam. Was meinen wohl Euer Durchlaucht, wie mochte es um sein Gewissen stehen? . . . Ich fürchtete beinahe, er würde mich anfahren, aber er war sehr zurückhaltend. Nach Ablegung meiner Beichte widmete ich mich sofort dem heiligen Geiste und begann Gott für Euer Durchlaucht zu bitten, er möge mich, obgleich ich eine Sünderin und H[ure] bin, mit Hintansetzung aller anderen Gnaden, der Rettung Euer Durchlaucht für würdig erachten und mich Euch so wiedersehen lassen, wie Ihr vordem gewesen seid; dabei tat ich ein Gelübde, falls er mir diese Bitte gewährte, Santa Maria di Loreto zu besuchen. So habe ich mir vorgenommen zu reisen, und falls ich nicht fürchten müßte, Euer Durchlaucht lästig zu fallen, würde ich mich nach Erfüllung des Gelübdes nach Ancona begeben, um Euer Durchlaucht den Fuß zu küssen. Acht Tage, gnädigster Herr, habe ich in Andachtsübungen zugebracht, ohne zu sündigen, und dies ist mir nicht einmal allzu schwer gefallen.

2.
Porträt einer Hofdame als Flora.
Französisches Gemälde aus der Schule von Fontainebleau um 1560.

Heinrich VIII. an Anna Boleyn

vermutlich 1532

Meine Freundin! Ich und mein Herz legen uns in Eure Hände und bitten Euch, uns Eurer Huld zu empfehlen und Eure Neigung zu uns nicht durch die Trennung vermindern zu lassen. Denn es wäre sehr grausam, unsere Pein noch zu vermehren, was ja schon die Trennung zur Genüge besorgt, und zwar in höherem Maße, als ich es je geglaubt hätte. Ich muß immer an einen astronomischen Satz denken, der folgendermaßen lautet: »Je weiter die Mohren von uns entfernt sind, desto weiter ist auch die Sonne von uns entfernt, und doch ist ihre Hitze um so sengender.« So ist es auch mit unserer Liebe; wir sind voneinander getrennt, und doch bleibt sie so glühend, wie sie war, wenigstens meinerseits. Ich hoffe dasselbe von Euch und versichere Euch, die Qual der Trennung ist bereits zu schwer für mich, und wenn ich daran denke, wie lange ich sie noch werde erdulden müssen, so will sie mich schier unerträglich dünken, lebte ich nicht der festen Hoffnung, daß Eure Neigung zu mir unveränderlich sei. Um Euch nun bisweilen an sie zu erinnern, und da ich sehe, daß ich nicht in Person bei Euch weilen kann, sende ich Euch etwas, was dieser so nahe wie möglich kommt, nämlich mein Bild, in ein Armband eingefaßt mit der vollen Devise, die Ihr bereits kennt, wobei ich mich selbst an seinen Platz wünsche, wenn dies Eueren Beifall finden sollte. Dies ist von der Hand Eures treuen Dieners und Freundes

H.

Das Herannahen der Zeit, die ich so lange erwartet habe, gewährt mir solche Freude, daß es mir beinahe scheinen will, als sei sie bereits gekommen. Die volle Befriedigung kann indessen erst eintreten, wenn die zwei Menschen sich vereinigen, deren Verbindung ich sehnlicher herbeiwünsche als sonst etwas auf dieser Welt; denn welch größere Freude kann es auf Erden geben als die innigste Gemeinschaft mit ihr, die meine beste Freundin ist? Besonders da ich weiß, daß sie ihrerseits ebenso denkt, was mir großen Genuß gewährt. Ihr könnt selbst beurteilen, was für eine Wirkung die Anwesenheit jener Frau auf mich ausüben muß, deren Abwesenheit meinem Herzen eine tiefere Wunde geschlagen hat als Worte oder Briefe aus-

drücken können, und nichts kann sie heilen als ihre Rückkehr ... Jetzt muß ich schließen, aus Mangel an Zeit; ich hoffe Euch aber binnen kurzem mündlich schildern zu können, welche Leiden mir Eure Abwesenheit verursacht hat. Geschrieben durch die Hand des Sekretärs, der gegenwärtig wünscht, bei Euch zu sein, und der ist und stets bleiben wird
Euer gehorsamer und zuverlässiger Diener

H autre AB ne cherche Rex.

Mein süßes Herzchen! Dieser Brief soll Euch Kenntnis von der Qual geben, die ich seit Eurer Abreise erduldet habe; ich versichere Euch, die Zeit ist mir seit Eurer Abreise länger vorgekommen, als es sonst mit vierzehn Tagen der Fall ist. Ich denke, Eure Güte und die Glut meiner Leidenschaft sind schuld daran, denn sonst würde ich es nicht für möglich halten, daß eine so kurze Abwesenheit mich so ungeduldig machen könnte. Aber jetzt, da ich im Begriff stehe, Euch wiederzusehen, scheint es mir, als ob meine Pein zur Hälfte verschwunden sei ... Ich schreibe Euch heute nur einen kurzen Brief; ich möchte mich heute abend in den Armen meines kleinen Schätzchens befinden, dessen zarte Brüstchen ich bald zu küssen hoffe. Geschrieben von der Hand dessen, der ganz aus freiem Willensantrieb der Eure gewesen ist, ist und sein wird.

H. Rex.

Anna Boleyn an Heinrich VIII.

6. Mai 1536

Eurer Majestät Ungnade und meine Kerkerhaft sind so ungewohnte Dinge für mich, daß ich weder weiß, was ich schreiben noch was ich zu meiner Entschuldigung vorbringen soll. Da Ihr nun in der Absicht, mich zu einem Geständnis zu bewegen, in welchem Fall Ihr mir Eure Huld wieder zuwenden wollt, jemand zu mir geschickt habt, von dem Ihr wißt, daß er von jeher mein erklärter Feind gewesen ist, so erkannte ich sofort nach Empfang der Botschaft Eure Willensmeinung. Und da ich, wie Ihr sagt, durch ein Geständnis der Wahrheit meine Freiheit wiedererlangen kann, so werde ich Eurem Befehl mit aller pflichtmäßigen Dienstwilligkeit nachkommen.

Glauben aber Euer Majestät nicht, daß Euer armes Weib je dahin gebracht werden könnte, einen Fehltritt einzugestehen, wo mir nicht einmal ein Gedanke daran gekommen ist. Und um die Wahrheit zu sprechen, kein Fürst hat je ein in jeder Beziehung treueres und liebevolleres Weib besessen, als Ihr es in Anna Boleyn gefunden habt. Und ich hätte mit meinem Namen und meiner Stellung auch sehr wohl zufrieden sein können, wenn es Gott und Eurer Majestät Gutdünken beliebt hätte. Niemals vergaß ich mich während meiner Erhebung zur Königin soweit, daß ich nicht stets an einen solchen Glückswechsel, wie er jetzt eingetreten ist, gedacht hätte. Denn da der Grund meiner Bevorzugung nur auf Eurer Majestät vorübergehenden Neigung beruhte, so wußte ich, daß die leichteste Veränderung hinreichen würde, diese Neigung auf irgendeinen anderen Gegenstand zu lenken. Ihr habt mich aus einem niederen Stande zu Eurer Königin und Gemahlin erkoren, weit über mein Wünschen und Begehren hinaus. Wenn Ihr mich daher einer solchen Ehre für würdig erachtetet, so flehe ich Euer Majestät an, laßt nicht eine flüchtige Neigung oder einen schlechten Rat meiner Feinde mir Eure fürstliche Huld entziehen und laßt nicht zu, daß ein Fleck, ein so schmachvoller Fleck auf die Ehre Eurer so tugendhaften Gattin und der kleinen Prinzessin, Eurer Tochter, fällt. Stellt eine Untersuchung an, gütiger König, aber eine gesetzmäßige, und laßt nicht meine geschworenen Feinde als Ankläger und Richter über mich das Urteil sprechen. Ja, stellt eine öffentliche Untersuchung an (meine Wahrhaftigkeit braucht keine öffentliche Beschämung zu fürchten):

dann werdet Ihr entweder meine Unschuld an den Tag gelegt, Euren Verdacht und Euer Gewissen beruhigt, die Schändlichkeit und Verleumdungssucht der Welt zuschanden gemacht oder meine Schuld klar und offen bewiesen sehen. Dann wird Euer Majestät, was Gott oder Ihr auch über mich beschließen mögt, frei von jedem offenen Tadel dastehen, und wenn meine Verfehlung auf diese Weise gesetzmäßig bewiesen ist, so steht es Eurer Majestät sowohl vor Gott wie vor den Menschen frei, nicht nur über mich als eine ungetreue Gattin eine gerechte Strafe zu verhängen, sondern auch Eurer Neigung zu folgen, die sich bereits endgültig auf eine Dame gelenkt hat, um derentwillen ich mich in meiner jetzigen Lage befinde und deren Namen ich Eurer Majestät seit geraumer Zeit hätte nennen können, da ich sehr genau weiß, nach welcher Seite sich mein Argwohn zu richten hat. Habt Ihr aber schon über mich beschlossen, und zwar, daß nicht nur mein Tod, sondern auch eine schmachvolle Verleumdung Euch den Genuß Eurer ersehnten Glückseligkeit bringen solle, dann bitte ich zu Gott, er möge Euch Eure große Sünde und ebenso meinen Feinden, den Werkzeugen dazu, verzeihen und wegen Eures unköniglichen und grausamen Verfahrens gegen mich nicht allzu scharf mit Euch ins Gericht gehen an jenem allgemeinen Gerichtstag, an dem Ihr und ich erscheinen müssen und an dem meine Unschuld, was auch die Welt von mir denken möge, unzweifelhaft an den Tag kommen und klar wie die Sonne bewiesen werden wird. Meine letzte und einzige Bitte soll die sein, daß ich allein die Last von Eurer Majestät Ungnade trage und daß die unschuldigen Seelen jener armen Herren, die sich, wie ich höre, meinetwegen ebenfalls in enger Haft befinden, davon verschont bleiben. Wenn ich je vor Euren Augen Gnade gefunden habe, wenn je der Name Anna Boleyn Euren Ohren angenehm klang, dann erfüllet diese meine Bitte. Und so will ich aufhören, Eurer Majestät länger lästig zu fallen, will vielmehr meine innigsten Gebete zur heiligen Dreieinigkeit emporsenden, sie möge Eurer Majestät ihren mächtigen Schutz angedeihen lassen und Euch in all Euren Unternehmungen beistehen. – Aus meinem jammervollen Kerker im Tower, den 6. Mai. Eure gehorsamste und allezeit getreue Gattin.

Gaspara Stampa an den Grafen Collalto

Widmung ihrer Gedichte, 1554

An meinen erlauchten Herrn.
Nachdem die Liebesschmerzen, die ich aus Liebe zu Euer Gnaden in verschiedenen Briefen und Gedichten niedergelegt habe, einzeln nicht vermocht haben, das Mitleid Eurer Gnaden mit mir zu erregen, ja Euch nicht einmal bewogen haben, mir soviel Höflichkeit zu erzeigen, daß Ihr mir ein Wort zur Entgegnung schriebet, so habe ich mich entschlossen, sie alle in diesem Buch zu vereinigen, um zu sehen, ob es allen zusammen nicht gelingen dürfte, Euer Herz zu erweichen. Euer Gnaden werden daher hier nicht den Ozean meiner Leidenschaften, meiner Tränen und Qualen erblicken, da dieser ein grundloses Meer ist, sondern nur ein kleines Rinnsal davon. Doch sollen Euer Gnaden nicht glauben, ich habe dies getan, um Euch Eure Grausamkeit zu Gemüte zu führen – man kann von Grausamkeit nicht sprechen, wo keine Verpflichtung vorhanden ist –, oder Euch eine trübe Stunde zu bereiten, sondern um Euch Eure Hoheit recht klar erkennen zu lassen und Euch zu erheitern. Wenn Ihr seht, welche Früchte Eure Härte gegen mich gezeitigt hat, so könnt Ihr daraus entnehmen, welcher Art die sein würden, die ihr Entstehen Eurer Milde verdankten, wenn es sich nämlich je ereignen sollte, daß der Himmel Euch Mitleid mit mir einflößte oder mir mit Euch ein edles, ein herrliches, ein göttliches Geschenk machte, nachdem auch die Qual mir Freude bereitet und Frucht getragen hat. Mögen daher Euer Gnaden, wenn Ihr Euren wichtigeren und angenehmeren Geschäften ein Mußeständchen abgewinnt, die Aufzeichnungen über die ernsten Liebessorgen Eurer allertreuesten und allerunglücklichsten Anassilla lesen, und aus diesen Versen, die nur der Schatten ihrer wirklichen Liebe sind, ersehen, wie sie für Euch in Gedanken sorgt und empfindet; denn sicher wird es niemals geschehen, daß mein armes, trauriges Haus würdig wäre, seinen erhabenen Gast, nämlich Euer Gnaden, zu empfangen. Ich bin überzeugt, die Betten, die Zimmer, die Säle und alles übrige würden von den Klagen, dem Schluchzen, den Seufzern, den Tränen erzählen, die ich Tag und Nacht vergossen habe, während ich den Namen Eurer Gnaden ausrief. Dabei habe ich aber stets selbst mitten in meinen größten Qualen den Himmel und mein glückliches Los gepriesen; denn es ist tausendmal besser, für Euch, Herr Graf, zu

3.
Peter Paul Rubens (1577–1640). Zuschreibung: »Susanna und die beiden Alten«.

sterben, als um eines anderen willen in Freuden zu leben. Was tue ich aber? Denn ohne Not halte ich Euer Gnaden allzulange auf und langweile Euch; zugleich begehe ich auch ein Unrecht gegen meine Verse, als ob sie nicht selbst ihre Sache führen könnten und der Fürsprache eines anderen bedürften.

Ich beziehe mich daher auf sie und schließe, bitte aber Euer Gnaden, als niedrigste Belohnung meiner treuesten Dienstfertigkeit, mir beim Empfang dieses armen Büchleins die Gunst nur eines Seufzers zu spenden, der das Andenken an Eure vergessene und verlassene Anassilla auf so weite Ferne hin erneuere. Und du Büchlein, Überbringer meiner Tränen, tritt in Gesellschaft meiner lauteren Treue so demütig wie möglich vor unseren Herrn auf. Und wenn du wahrnimmst, daß bei deinem Empfang sich jene ewigen Augen, die mein Schicksal sind, nur ein wenig erheitern, so sind all unsere Leiden gesegnet und all unsere Hoffnungen über Erwarten in Erfüllung gegangen. Und so sei Friede in Ewigkeit mit dir!

Marianna Alcoforado an Noël Bouton de Chamilly

Dezember 1667

Schau, meine Liebe, wie über die Maßen du ohne Voraussicht warst. Unselige, du bist betrogen worden und hast mich durch täuschende Hoffnungen betrogen. Eine Leidenschaft, von der du so viel Glück erwartet hast, ist imstande, dir jetzt nichts als eine tödliche Hoffnungslosigkeit zu bereiten, die höchstens in der grausamen Abwesenheit ihresgleichen hat, von der sie verursacht ist. Wie? Dieses Fortgehn, dem mein Schmerz, bei allen seinen Einfällen, keinen genügend trostlosen Namen zu geben weiß, dieses Fortgehn will mir also für immer verbieten, die Augen anzuschauen, in denen ich so viel Liebe sah, denen ich Bewegtheiten verdanke, die mich mit Freude überfüllten, die mir alle Dinge ersetzten, die mir endlos Genüge waren? Ach, die meinen haben das einzige Licht verloren, das sie belebte, es bleiben ihnen nur Tränen, und ich habe sie zu nichts anderem gebraucht als zum Weinen, unaufhörlich, seit ich erfahren mußte, daß Dein Fortbleiben beschlossen sei, das ich nicht ertrage, das mich in kürzester Zeit töten wird. Doch mir scheint, ich habe eine Art Zuneigung zu dem Unglück, dessen einzige Ursache Du bist. Mein Leben war Dir zugefallen, im Augenblick, da ich Dich sah, ich freue mich irgendwie, es Dir zu opfern. Tausendmal schick ich meine Seufzer nach Dir, sie suchen Dich an allen Orten, und wenn sie mir wiederkommen, lohnen sie mir alle die ausgestandenen Beängstigungen, indem sie mir mit der allzu aufrichtigen Stimme meines bösen Loses, das nicht will, ich soll mich beruhigen, immer wieder sagen: Hör auf, hör auf, unselige Marianna, dich umsonst zu verzehren, hör auf, einen Liebhaber zu suchen, den du nie mehr sehen wirst, der über das Meer gegangen ist, um dich zu fliehen, der sich in Frankreich aufhält mitten in Vergnügungen, keinen Moment sich deiner Schmerzen erinnert und dir gerne diese Ausbrüche schenkt, für die er wenig Erkenntlichkeit haben kann. Doch nein, ich mag mich nicht entschließen, so schimpflich Dich abzuurteilen, es ist nur zu sehr mein eigener Vorteil, wenn ich Dich rechtfertige. Ich will mir nicht einbilden, daß Du mich vergessen hast. Bin ich nicht schon unglücklich genug, ohne mich mit falschen Verdächtigungen zu quälen? Und warum soll ich mich anstrengen, nicht mehr von all der Müh zu wissen, die Du Dir gegeben hast, mir Deine Liebe zu bezeugen? Ich bin so hingerissen gewesen von allen diesen Bemühungen, und ich wäre recht undankbar, Dich nicht weiter mit demselben Ungestüm zu lieben, wie es meine Leidenschaft mir eingab, da sie noch die Beweise der Deinen empfing. Wie kann es geschehen, daß die Erinnerungen so anmutiger Augenblicke so ins Grausame schlagen? Und muß es sein, daß sie, wider ihre eigene Natur, nun nur dazu dienen, mein Herz tyrannisch zu behandeln? Ach, Dein letzter Brief hat es auf einen wunderlichen Zustand herabgesetzt: es geriet in so fühlbare Bewegung, daß es, glaube ich, Anstrengungen machte, sich von mir zu trennen, um zu Dir zu gehn. Ich war so überwältigt von der Heftigkeit aller dieser Erregungen, daß ich mehr als drei Stunden ganz von Sinnen blieb. Ich sträubte mich, zurückzukehren in ein Leben, das ich um Deinetwillen verlieren muß, da ich es Dir nicht erhalten darf. Gegen meinen Willen erblickte ich endlich wieder das Licht, es schmeichelte mir, zu fühlen, daß ich sterbe vor Liebe, und im übrigen war's mir recht, nicht länger dem Anblick meines Herzens ausgesetzt zu sein, das von dem Weh Deines Fortseins zerrissen war. Nach diesen Anfällen habe ich die verschiedensten Zustände durchzumachen gehabt; aber wie sollte ich auch ohne Leiden bleiben, solange ich Dich nicht sehe. Ich ertrage sie ohne Murren, denn sie kommen von Dir. Sag, ist das Dein Lohn dafür, daß ich Dich so zärtlich geliebt habe? Aber es soll mir gleich sein, ich bin entschlossen, Dich anzubeten mein ganzes Leben lang und keinen Menschen zu sehen. Und ich versichere Dir, auch Du wirst gut daran tun, niemanden zu lieben. Könntest Du Dich begnügen mit einer Leidenschaft, die nicht die Glut der meinen hätte? Du findest, möglicherweise, mehr Schönheit (obzwar Du mir einst sagtest, ich sei eigentlich schön), aber nie, nie wirst Du soviel Liebe finden, und auf alles andere kommt es doch nicht an. Füll Deine Briefe nicht mehr mit unnützen Dingen an und schreib mir nicht mehr, ich solle an Dich denken. Ich kann Dich nicht vergessen und vergesse auch nicht, daß Du mir Hoffnung gemacht hast, zu kommen und einige Zeit mit mir zu sein. Ach, warum willst Du nicht, daß es das ganze Leben sei? Wenn ich herauskönnte aus diesem unseligen Kloster, so würde ich nicht hier in Portugal auf das Eintreffen Deiner Versprechungen warten: ohne Rücksicht ginge ich hin, Dich suchen, Dir folgen und Dich lieben durch die ganze Welt. Ich wage nicht, mich damit zu verwöhnen, daß dies möglich sei, ich will keine Hoffnung nähren, aus der mir gewiß einiges Wohltun käme, ich will nur noch für Schmerzen Empfindung haben. Zugeben will ich freilich, daß die Gelegenheit, Dir zu schreiben, die mein Bruder mir verschafft hat, ein wenig

Freude in mir aufrühren konnte, und daß sie die Trostlosigkeit, in der ich lebe, für einen Augenblick unterbrach. Ich beschwöre Dich, mir zu sagen, warum Du so darauf aus warst, mich einzunehmen, wie Du es getan hast, wenn Du doch wußtest, daß Du mich würdest verlassen müssen? Warum diese Versessenheit, mich unglücklich zu machen? Was ließest Du mich nicht in Frieden in meinem Kloster? Hatte ich Dir irgendwas angetan? Aber verzeih, ich lege Dir nichts zur Last; ich bin außerstand, an meine Rache zu denken; ich klage nur die Härte meines Schicksals an. Indem es uns trennt, fügt es uns, scheint mir, alles Unheil zu, das je zu fürchten war. Unsere Herzen wird es nicht zu trennen wissen. Die Liebe, die mächtiger ist als das Schicksal, hat sie vereint für unser ganzes Leben. Wenn Du einigen Anteil an dem meinen nimmst, schreib mir oft. Ich verdiene das bißchen Müh, das es Dich kostet, mich vom Stand Deines Herzens und Deiner Verhältnisse zu unterrichten. Und vor allem: komm. Adieu, ich mag mich nicht trennen von diesem Papier, es wird in Deinen Händen sein. Ich wollte, mir stünde dieses Glück bevor. Ach, ich Unvernünftige, ich sehe wohl, daß das nicht möglich ist. Adieu, ich kann nicht mehr. Adieu, hab mich lieb, immer, und laß mich noch mehr Leiden aushalten.

Ninon de Lenclos
an den Marquis de Sévigné

1676

Nachdem ich Ihnen wiederholt geschrieben, daß ich Sie liebe, bis zur Raserei liebe, bliebe mir keine Rettung übrig, wenn ich wie die anderen Frauen liebte. Aber es ist nun das Schicksal mäßiger Leidenschaften, daß sie in dem Gegenstand der Liebe Gleichgültigkeit hervorrufen. Wir haben nichts zu tun mit jenen schwachen Seelen, die sich gegenseitig die Liebe zum Vorwurf machen und ihr ein Ende bereiten, sobald sie von gleichem Verlangen entbrannt sind. Nein, nicht indem ich Ihnen mein Verlangen verhehle, sondern, im Gegenteil, durch die Heftigkeit meiner Leidenschaft, durch die Empfänglichkeit meiner Seele will ich Ihr Herz anrufen, anfeuern und anketten. Ich sehe indessen bei Ihnen nicht dieselbe Begeisterung, die ich empfinde, und wenn mir diese meine Leidenschaft nicht teuer wäre, so würde ich sie tausendmal am Tag verwünschen. Meine zärtlichen, lebhaften Gefühle lassen mir die Ihrigen so schwach und lau erscheinen, daß Ihre Liebe in meinen Augen wie Gleichgültigkeit aussieht, wie sehr Sie ihr auch den Anstrich einer Leidenschaft geben möchten. Ich kann Sie nur bedauern, wenn Sie nicht sensibel sind. Ach, wie beneidenswert muß Ihnen mein Los sein! Wie viele Freuden entgehen Ihnen! Sie ahnen ja kaum, was Glückseligkeit ist! Welche Genugtuung wäre es für mich, wenn es mir glückte, Ihr Herz einer ebenso heftigen, tiefen Liebe fähig zu machen wie das meinige sie fühlt! Ich würde glauben, Ihnen ein neues Dasein zu geben. Nur Illusion und Begeisterung können uns wahrhaft glücklich machen. Was bedeuten andere Freuden? Sie hängen zu sehr mit dem Verstand zusammen und können daher keinen großen Reiz haben. Kann es für mich etwas Schmeichelhafteres geben, als Ihnen Seligkeiten verschafft zu haben, die Sie ohne mich nie genossen hätten? Nichts ist süßer, als wenn man die zufriedenen Blicke des Geliebten sieht und sich sagen darf: sein Glück, seine Freuden sind mein Werk. Man würde es ihm gern erlassen, zärtlich zu sein, wofern er nur glücklich wäre.

4.
»Das Liebespaar«.
Französischer Kupferstich nach einem Gemälde von Cazes.

Sophie Dorothea von Hannover an Philipp Christoph von Königsmarck

Hannover, um 1690

Ich habe eine Leidenschaft, die die ganze Freude und das ganze Glück meines Lebens ausmacht, die einzige, die ich, wie ich behaupten kann, je gefühlt habe und die mit mir sterben wird. Ich weiß nicht, wie es möglich ist, so zu lieben, wie ich es tue. Meine Zärtlichkeit wächst, scheint mir, mit jedem Augenblick. Sie dient nur dazu, mich jetzt unglücklich zu machen, denn ich bin gleichgültig gegen alles andere in der Welt und beständig in Furcht und Aufregung, die meine Ruhe stören. Ich fürchte immer, daß die Trennung mir bei Ihnen schadet; aber Sie müßten sehr undankbar sein, wenn Sie fähig wären, mich zu vergessen, denn Sie werden niemals bei einer Frau so viel Liebe, Treue und Hingebung finden, als ich sie mein Leben lang für Sie haben werde. Ich hoffe, daß meine Gebete für Sie Erhörung finden. Ich bete so inbrünstig, daß ich mir mit dieser Hoffnung schmeichle. Sie machen mich ganz zu einer frommen Einsiedlerin. Ich bin sehr ärgerlich, daß ich Sie nicht sehen kann, und Sie haben wirklich allen Grund zu sagen, daß es höchst unbequem ist zu lieben, wenn man getrennt ist. Ich empfinde es alle Tage, aber ich hoffe, mich für alle meine Qualen zu entschädigen, und wenn ich Sie erst einmal in meinen Armen halte, so müssen Sie sehr geschickt sein, wenn Sie mir entschlüpfen wollen. Wenn ich an den Augenblick denke, wann ich Sie wiedersehen werde, so bin ich in einem Freudenrausch, den nur der empfinden kann, der so liebt wie ich. Ich glaube, ich werde daran sterben; möge es Gott gefallen, es wäre so!

Ach, welches Entzücken, Ihnen zu zeigen, daß meine Zärtlichkeit jede andere übertrifft und daß ich Sie anbete. Ich werde Sie zu dem Geständnis zwingen, daß die Ihrige die meinige nicht erreicht, und Sie werden sich schämen müssen, so sehr geliebt zu werden und nicht ebenso wiederlieben zu können.

Montesquieu. Persische Briefe

Fatme an Usbek

Serail zu Isfahan, 12. des 2. Rebiab-Mondes 1711
(12. April 1711)

Zwei Monate bist Du jetzt fort, mein lieber Usbek, und in meiner Betrübnis kann ich es immer noch nicht fassen. Ich eile durch den ganzen Serail, als ob Du noch da wärest. Ich bin ja noch so jung. Was soll aus einer Frau werden, die Dich liebt, die gewohnt ist, Dich in ihren Armen zu halten, die an nichts anderes dachte, als Dir Beweise ihrer Zärtlichkeit zu geben, frei durch ihre hohe Geburt, Sklavin durch die Heftigkeit ihrer Liebe?

Als ich Dich heiratete, hatten meine Augen noch keinen Mann von Angesicht gesehen. Du bist der einzige, dessen Anblick mir gestattet wurde; denn diese scheußlichen Eunuchen kann ich nicht als Männer ansehen, deren geringster Mangel ihre Entmannung ist. Wenn ich die Schönheit Deines Antlitzes mit ihrer Mißgestalt vergleiche, kann ich mich nur glücklich schätzen. Meine Einbildungskraft kann mir keine entzückendere Vorstellung als die beglückenden Reize Deiner Person schaffen. Usbek, ich schwöre Dir: Wenn ich diesen Ort hier verlassen dürfte, an dem ich notwendig eingeschlossen bin, wenn ich mich der Wache entziehen könnte, die mir gesetzt ist, wenn ich unter allen Männern unserer Weltstadt wählen dürfte, ich schwöre Dir Usbek, keinen andern würde ich wählen als Dich. Du allein auf der ganzen Welt verdienst, geliebt zu werden.

Glaube ja nicht, daß Deine Abwesenheit mich meine Schönheit vernachlässigen ließe, die Dir teuer ist. Obwohl ich von niemand gesehen werden darf und der Putz, mit dem ich mich ziere, Deinem Glück nichts nützen kann, unterhalte ich mich doch in der Übung, Gefallen zu erregen. Nie gehe ich zu Bett, ohne mich in die erlesensten Wohlgerüche zu hüllen. Ich denke dann an die glücklichen Zeiten zurück, als Du in meine Arme eiltest. Ein schmeichlerischer Traum verführt mich und zeigt mir den teuren Gegenstand meiner Liebe. Meine Einbildungskraft verliert sich in ihren Begierden, schmeichelt sich in ihren Hoffnungen. Manchmal denke ich, Du bist die beschwerliche Reise satt und kommst zu uns zurück; die Nacht vergeht im Halbwachen, im Halbschlaf; ich suche Dich an meiner Seite und meine, Du fliehst mich; schließlich vollendet das Feuer selbst, das mich verzehrt, meine Verzückungen und bringt mich zu mir. Dann bin ich wie neu belebt.

Du wirst es nicht glauben, Usbek. Aber es ist unmöglich, in diesem Zustand weiterzuleben; Feuer rollt in meinen Adern. Warum kann ich es Dir mit Worten nicht sagen, was ich so lebhaft fühle! Und wie lebhaft fühle ich, was ich Dir mit Worten nicht sagen kann! In diesen Augenblikken, lieber Usbek, gäbe ich alles auf der Welt für einen einzigen Kuß von Dir. Wie unglücklich ist doch eine Frau mit so heftigen Begierden, wenn ihr der geraubt ist, der sie allein befriedigen kann! Sich selbst überlassen, mit nichts, was sie zerstreuen kann, muß sie in dauerndem Schmachten und der Glut einer ständig erregten Leidenschaft leben. Weit entfernt, selbst glücklich zu sein, darf sie auch keinen andern beglücken, ein nutzloses Prunkstück in einem Serail, zur Ehre und nicht zum Glück ihres Gemahls bewacht. Ihr Männer seid doch grausam. Ihr seid beglückt über unsere Leidenschaft, die wir nicht befriedigen können; Ihr geht mit uns um, als ob wir fühllos wären, und seid böse, wenn wir es wirklich sind; ihr denkt euch, daß unser Verlangen, so lange zurückgehalten, erst bei eurem Anblick sich entzünde. Es ist doch schwer, Liebe zu empfangen. Schneller erlangen wir von unsern überreizten Sinnen, was wir vergeblich von eurer Tüchtigkeit erwarten.

Lebe wohl, liebster Usbek, lebe wohl! Glaube mir, ich lebe nur, um Dich anzubeten. Meine Seele ist ganz von Dir erfüllt. Und Deine Abwesenheit, weit entfernt, Dich vergessen zu lassen, würde meine Liebe noch mehr entfachen, wenn sie einer solchen Steigerung überhaupt noch fähig wäre.

François-Marie Voltaire an Marie Louis Denis

Montag, 27. Dezember 1745

Sie haben mir einen beglückenden Brief geschrieben, den ich an mein Herz gedrückt habe; ich bin gar nicht darüber überrascht, daß Sie so gut italienisch schreiben. Es ziemt sich für Sie, die Sprache der Liebe zu beherrschen. Bei Gott, ich kann Ihnen keinen Glauben schenken, wenn Sie mir sagen, daß Sie keinen Liebhaber haben. Wie kann das möglich sein? Wie können Sie soviel Anmut einfach brachliegen lassen? Sie – und keine sinnliche Liebe? Ach, meine Allerliebste, Sie beleidigen Ihren Gott. Sie sagen mir, daß mein Brief brennende sinnliche Begierde in Ihnen geweckt hat, auch ich brenne vor Begierde. Ihre Worte haben mein Herz höher schlagen lassen und meine Leidenschaft entflammt. Ihrem Brief habe ich den Tribut entrichtet, den ich Ihrer Person hätte spenden wollen. Die Begierde verflüchtigt sich jedoch bald, aber die Freundschaft, die uns verbindet, das gegenseitige Vertrauen, die Freude des Herzens, die Begierde der Seele schwinden nicht so schnell dahin. Ich werde Sie bis zu meinem Tod lieben. Hier in meinem Zimmer werden Sie die vier Karten für die Aufführung von *Armida* vorfinden. Ich werde sie Ihnen zu Füßen legen und anschließend mit meiner lieben Denis von Paris nach Versailles fahren. Leben Sie wohl, ich umarme Sie tausendmal.

September 1748

Meine Liebe, ich kehre müde, krank und wie zerschlagen nach Hause zurück. Drei Nächte habe ich nicht geschlafen. Morgen werde ich, lebendig oder tot, bei Ihnen bleiben. Ich liebe Sie, ich werde Sie mein Leben lang lieben. Sie sind der Hafen meiner von Stürmen heimgesuchten Seele. Nur bei Ihnen habe ich Ruhe gefunden, Sie sind mein einziges Glück. Ich sehne mich danach, Ihre Komödie zu sehen, und mein Verlangen nach Ihnen ist noch stärker. Leben Sie wohl, meine Muse, leben Sie wohl.

Emilie Marquise du Châtelet an den Herzog von Richelieu

Paris, April 1735

Ich liebe die Plauderei des Herzens ebenso wie die des Geistes. Da Sie mir nun Vollmacht geben, so werden, glaube ich, meine Briefe Folianten. Ihr Brief ist zur rechten Zeit gekommen. Ich wollte Ihnen schreiben, erstens, um Ihnen zu schreiben, dann, um Ihnen zu sagen: so sind Sie, Sie lieben die Leute acht Tage lang, Sie haben mir Freundschaftskoketterien gemacht, aber ich, die ich die Freundschaft für die ernsthafteste Sache in meinem Leben halte und die ich Sie wahrhaft liebe, war über Ihr Stillschweigen beunruhigt und bekümmert.

Ich sage mir: man muß, so heißt es doch, seine Freunde mit ihren Fehlern lieben. Herr von Richelieu ist leichtsinnig und unbeständig. Man muß ihn lieben, wie er ist. Ich fühlte, daß mein Herz bei diesem Handel nicht auf die Rechnung kam. Ich wußte wohl, daß ich hätte glücklich sein und Sie der Freundschaft für unfähig hätte halten können; aber ich konnte nicht ohne Kummer auf diese schöne Chimäre verzichten, in Ihnen einen Freund zu haben, in Ihnen, den man nur für die Koketterie geschaffen glaubt, den zu lieben mir nie der Gedanke gekommen wäre, dessen Freundschaft ich aber nicht mehr entbehren kann.

Das waren die Gedanken, die mich beschäftigten, während Sie, wie Sie vorgeben, »verstopft« waren. Sie geben mir von Ihrem Zustand eine so komische Beschreibung, daß, wäre ich nicht um Ihre Gesundheit besorgt, ich Ihnen sagen würde, daß ich außer Ihren Briefen keine anderen kenne, die zugleich zärtlich und spaßhaft sind, zwei Dinge, die gewöhnlich nicht zusammengehen.

Aber ich erkläre Ihnen, daß, wenn Sie mir auch mit aller möglichen Anmut und Heiterkeit Ihre Melancholie beschreiben, das doch keine Entschuldigung ist, mir nicht zu schreiben: es ist das Vorrecht der Freundschaft, seinen Freund in allen Zuständen seiner Seele zu sehen.

Ich liebe Sie traurig, heiter, lebhaft, »verstopft«. Meine Freundschaft soll Ihre Freuden mehren, Ihre Leiden mildern und sie heilen.

Dazu bedarf es keiner wahrhaften Leiden oder großer Freuden.

Es brauchen keine Ereignisse zu sein. Ich interessiere mich ebenso für Ihre krankhaften Launen und Ihre Koketterien wie die andern sich für das Glück oder das Unglück der Leute interessieren, die sie ihre Freunde nennen.

Ich gestehe mit Ihnen, daß man seinen Liebsten am liebsten geschminkt sieht. Aber man sieht ihn lieber ungeschminkt als überhaupt nicht.

Ich zum Beispiel beweise Ihnen, was ich behaupte. Meine Gedanken sind heute abend ganz wirr. Ich fühle sehr gut, daß ich nicht beredt bin; aber die Lust, Ihnen meine Gedanken mitzuteilen, so wirr sie auch sind, läßt meine Eigenliebe schweigen . . .

Es ist Heldenmut oder vielleicht Wahnwitz von mir, mich zu dritt in Cirey einzuschließen. Indes ist mein Entschluß gefaßt. Ich glaube, ich vermag noch eher den Argwohn meines Gatten zu zerstreuen als die Einbildungskraft Voltaires zu zügeln. In Paris würde ich ihn unwiederbringlich und unrettbar verlieren. In Cirey kann ich wenigstens hoffen, daß die Liebe den Schleier, der zu seinem und unserm Glück die Augen meines Gatten verhüllen sollte, noch dichter machen wird.

Ich bitte Sie recht sehr, Voltaire davon nichts zu schreiben. Es würde ihm den Kopf vor Unruhe umdrehen, und ich fürchte nichts so sehr, als ihn, vor allem unnötig, zu betrüben. Vergessen Sie nicht Ihre Beredsamkeit für meinen Gatten und bereiten Sie sich vor, mich in meinem Unglück zu lieben, wenn ich je unglücklich sein werde. Um mich zu hindern, es ganz zu werden, will ich die drei glücklichsten Monate meines Lebens verbringen. Ich reise in vier Tagen ab und mitten im Wirrwarr der Vorbereitungen wage ich, Ihnen zu schreiben.

Mein Geist ist voll Kummer, aber mein Herz schwimmt in Freude.

Die Hoffnung, daß dieser Schritt ihn von meiner Liebe überzeugen wird, verbirgt mir alle andern Gedanken, und ich sehe nur das größte Glück, alle seine Furcht zu beseitigen und mein Leben mit ihm zu verbringen.

Sie sehen, daß Sie unrecht haben. Denn ich habe gewiß den Kopf verwirrt, und ich gestehe Ihnen, daß seine Unruhe und sein Mißtrauen mich tief bekümmern. Ich weiß, daß das die Qual seines Lebens macht. Das muß indes auch das meinige vergiften. Aber wir könnten wohl alle beide recht haben: es ist ein großer Unterschied zwischen der Eifersucht und der Furcht, nicht genug geliebt zu werden. Man kann der einen trotzen, wenn man fühlt, daß man sie nicht verdient. Aber man kann nicht vermeiden, von der andern berührt und betrübt zu werden.

Die eine ist ein ärgerliches Gefühl, die andere eine zarte Unruhe, gegen die es keine andern Waffen und Heilmittel gibt, als in Cirey glücklich zu werden.

Das ist in Wahrheit die Metaphysik der Liebe und dorthin führt das Übermaß dieser Leidenschaft. All das erscheint mir als das klarste und natürlichste auf der Welt . . .

Die letzten Worte Ihres Briefes, die mich eine Affäre fürchten lassen, sind eine Verpflichtung, mich nicht lange ohne Nachricht von Ihnen zu lassen. Denken Sie, wie ich Sie liebe, daß ich Sie darum bei der Abreise nach Cirey bitte. Richten Sie diesen Brief noch nach Paris!

Paris, 10. Mai 1735

Je mehr ich Voltaire und meine Lage überdenke, desto nötiger erscheint mir mein Entschluß. Erstens glaube ich, daß alle leidenschaftlich liebenden Menschen, wenn sie es könnten, zusammen auf dem Lande leben würden; ich glaube aber auch, daß ich nur dort seine Phantasie im Zaum halten kann. – In Paris würde ich ihn früher oder später doch verlieren, jedenfalls aber mein Leben in dieser Furcht verbringen und Anlaß haben, mich über ihn zu beklagen. Sein kurzer Aufenthalt in Paris ist ihm fast schon verhängnisvoll geworden; Sie glauben nicht, welchen Lärm die »Pucelle« gemacht hat, und wie man sie verbreitet hat. Ich kann nicht begreifen, wie er auf der einen Seite soviel Geist, soviel Vernunft in allem übrigen, mit soviel Blindheit vereinen kann, Blindheit gegen das, was ihn unrettbar verderben muß; vor der Erfahrung aber muß ich die Waffen strecken. Ich gestehe, daß meine Liebe groß genug ist, um dem Glück, mit ihm in Ruhe zu leben, und dem Vergnügen, ihn selbst gegen seinen Willen seinen Unvorsichtigkeiten und seinem Verhängnis zu entreißen, alle Annehmlichkeiten, alle Zerstreuung zu opfern, die Paris mir bieten könnte. Das einzige, was mich beunruhigt und was ich behutsam behandeln muß, ist die Gegenwart Herrn du Châtelets. Ich rechne sehr darauf, daß Sie mit ihm reden werden; der Frieden würde all unsere Hoffnungen zerstören, und doch kann ich nicht anders, als ihn um Ihretwillen wünschen.

5.
»Jupiter und Juno«. Französischer Kupferstich von G. Duchange nach einem Bild von Antoine Coypel (1661–1722).

Louise d' Epinay an Dupin de Francueil

April 1749

Was haben Sie noch mehr zu wünschen? Und kann ich Sie mehr lieben, wenn selbst ich für Sie das hätte, was Sie Liebe nennen, an dessen Statt ich Freundschaft nenne? Nein, ich würde Sie nicht mehr lieben, der Gedanke an Sie verfolgt mich überall, Ihr Name ist stets in meinem Munde, das Lob, das man Ihnen spendet, läßt mich erröten und macht mich trotzdem eitel. Noch einmal, mein lieber Francueil, wenn Sie mich mit einem so reinen und so lebendigen Gefühl lieben, wie das meinige ist, so haben Sie nichts zu wünschen. Nein, nein, ich bin nicht eifersüchtig, seien Sie versichert, und ich mache von der Eifersucht nicht mehr Aufhebens als Sie von ihr machen können. Nehmen Sie mich beim Wort bei allem, was ich Ihnen gesagt habe, und für den sehr entschiedenen Entschluß, keinen Liebhaber zu haben. Übrigens suchte ich Ihre Aufgabe zu erschweren, um Ihnen den Mut zu nehmen, sie auszuführen und sich zu erklären.

Noch ein Wort ist Ihnen in Ihrem Brief entschlüpft, was mich kränkt. Wenn Sie wollen, daß ich Sie liebe und achte, so nennen Sie nicht mehr Vorurteile Prinzipien, die unveränderlich sein müssen und es auch für mich sind. Das ist gesagt, und nun sprechen wir nicht mehr davon, denn es ist meine Methode, nie mehr auf die Dinge zurückzukommen, von denen ich im tiefsten überzeugt bin. Es sind, wie mir scheint, nur die in ihren Prinzipien schwankenden Leute, die sie bei jeder Gelegenheit vorbringen oder sich rühmen, nie dagegen zu fehlen. Darum bin ich stets mißtrauisch gegen die großen Künder des Worts Weisheit und Tugend.

Ich will auch nicht, daß es für Sie ein Unglück sei, die Pflichten Ihres Amtes zu erfüllen und für Ihr Vergnügen Sorge zu tragen. Ich fordere nicht so große Opfer, und ich würde Ihre Zärtlichkeit nicht verdienen, wenn ich Opfer dieser Art annähme oder wenn ich klagte über eine Notwendigkeit, der jeder anständige Mensch unterworfen ist. Jeder hat seine Pflichten und Geschäfte. Ich habe sie auch. Es fällt mir nicht schwer, sie zu erfüllen. Indes wird mir die Trennung, von der wir bedroht sind, schwer zu ertragen sein, ich kann es Ihnen nicht verbergen. Wir werden wohl einen Ersatz dafür suchen müssen: wir müssen uns schreiben. Ich weiß noch nicht, welchen Mittels wir uns bedienen können, um uns unsere Briefe sicher zukommen zu lassen. Wir werden auch davon reden. Aber vor allem keine Diener, das widersteht mir. Übrigens ist dies das am wenigsten sichere Mittel . . .

Ich habe Ihnen auch vieles zu sagen und Sie zu fragen über Ihr Heim. Sie sind verheiratet, Francueil, und lieben Ihre Frau nicht. Wie ist sie zu beklagen! Aber warum lieben Sie sie nicht? Was hat sie Ihnen getan? Ich will das mit Ihnen besprechen. Einer von beiden muß wohl daran schuld sein. Könnten Sie unrecht haben? Ich hoffe, nein. Sie wird es sein. Ich will es aber wissen. Leben Sie wohl, Francueil, ich würde gern den ganzen Abend, die ganze Nacht damit zubringen, Ihnen zu schreiben, aber wir müssen scheiden. Morgen, morgen! Wird er denn nie kommen?

(undatiert)

Du glaubst vielleicht abwesend zu sein? Ach, teurer Freund, Du täuschst Dich. Du hast mich nicht verlassen. Ich habe Dich überall gesehen. Ich habe Dich bei mir gefühlt. Deine Hand hat die meinige gedrückt. Mein Herz hat gezuckt. Warum kann diese Illusion nicht bis zu Deiner Rückkehr dauern? Was tust Du gegenwärtig? Wo bist Du? Du denkst an mich, nicht wahr? Ich habe gesehen, daß Dein Herz, als Du mich verließest, zusammengepreßt war; kaum hieltest Du Deine Tränen zurück. Hast Du in meinen Augen meinen Schmerz gelesen? Kann ich daran denken, wie lange Dein Fernsein dauern wird? Was soll aus mir werden? Mir scheint, alle Welt mustert mich. Ich fürchte besonders meine Mutter. Wie soll ich meinen Schmerz ihren Blicken entziehen? Jeden Augenblick ersticken mich die Tränen, und ich muß mich bezwingen, ich muß sogar all die kalten Scherze ertragen, mit denen man mich wegen Deiner Abreise überhäuft. Ich will mich dafür bei Dir entschuldigen. Gestern habe ich während des ganzen Spaziergangs Dein Geschenk in meinen Händen gehalten, ein kostbares und meinem Herzen teures Geschenk. Es ist wirklich in diesem Kasten etwas, ich weiß nicht was, das zu der Seele spricht. Wie glücklich wäre ich, Dein wirkliches Bild zu besitzen! Oh, ich werde es noch bekommen . . . Ach, teurer Francueil, gib mir Nachricht von Dir! Ich möchte, Du wirst mich für toll halten, ich möchte den Plan Deines Zimmers haben, des Hauses, das Du bewohnst, aller Orte, wo Du Dich ohne mich befinden kannst. Du ersiehst aus diesem Wunsch, daß ich nicht einen Augenblick sein will, ohne an Dich zu denken.

Dupin de Francueil an Louise d' Epinay

April 1749

Ein grausames Geschick entreißt mich den Armen, in denen mein Leben wohnt. Ach, was soll ich mit diesem Leben, da ich es nicht bei Ihnen verbringen darf! Meine süße, meine göttliche Freundin, wo sind Sie? Räume, die mir unendlich scheinen, trennen uns. Wie schnell haben sie sich geweitet! Wie rasch haben sie mich von Ihnen entfernt! Wie traurig ist meine ganze Umgebung! Die Welt ist nur eine Wüste für mich. Meine Seele kann unsere Trennung nicht ins Auge fassen, ohne zusammenzubrechen. Der Verstand ist sehr schwach, wenn die Leidenschaft ihn bekämpft [. . .]

Es werden noch zwei Tage vergehen, ohne daß ich Nachricht von Ihnen empfange. Welche Qual! Morgen um sechs Uhr früh werden wir unseren Weg fortsetzen. Ich werde mich um fünf erheben, um Ihnen noch ein Wort zu sagen, bevor ich meinen Brief absende.

Am andern Morgen

Der Tag erscheint umsonst für mich. Wozu dient mir seine Helligkeit, da man mir nicht die Muße läßt, meiner Louise zu schreiben? Ach, ich will nichts sehen, da ich nicht die sehen werde, die meine Seele einzig anbetet, die, die sie sucht; die, die sie ruft; die, die in mir so zärtliche und so lebhafte Empfindungen erweckt. Die Grausamen, die mir soviel Leid verursachen, verstehen diesen Zustand nicht. Nie haben sie etwas so Kostbares und Notwendiges verloren, wie es die für mein Leben ist, deren sie mich beraubt haben. Es gibt fern von Ihnen, meine anbetungswerte Freundin, nichts für mich. Alles, was die Welt umschließt, vermag nicht den geringsten Trost dem Schmerz zu bieten, den mir unsere Trennung verursacht.

Leben Sie wohl, ich reise ab. Meine erste Sorge wird sein, auf Deine Briefe zu antworten, denn ich hoffe solche bei meiner Ankunft zu finden. Lebe wohl, lebe wohl, tausendmal. Komm, komm in meine Arme. Komm und sieh mich vor Zärtlichkeit auf jenem Munde verhauchen, wo meine berauschte Seele den belebenden Atem schöpft. Verzeihen Sie, die die reinste, lebhafteste und zärtlichste Liebe zum Schiedsrichter über mein Los gemacht hat, die Klagen eines Freundes, für den die ganze Welt nur noch in Ihnen besteht. Ihre Zärtlichkeit ist das höchste Gut, das einzige, nach dem ich begehre.

Marie Jeanne Dubarry an den Abbē de Goncier

Paris, um 1759/1760

Herr Abbē! Gestern sagte ich Ihnen meinen Namen und meine Zuschrift, obschon mir's Madame Gourdan verboten hatte. Sie wollte mir auch nicht sagen, wer Sie seien, doch ich habe es durch einen Zufall erfahren, denn Sie ließen einen Brief fallen, den ich aufhob und in die Tasche steckte. Ich schicke ihn bei dieser Gelegenheit wieder zurück, um Sie meiner Hochachtung zu versichern, und Sie zu bitten, mir auch weiterhin gewogen zu sein. Du hast mir versprochen, mich zu unterhalten und mir Gutes zu erweisen, ich verlasse mich auf Dein Wort. Ich will Dir sagen, daß Du mir gestern recht weh getan hast, ich konnte heute nicht gehen; ich glaube aber nicht, daß mich das abhalten wird, Dich am Donnerstag bei Madame Gourdan zu sehen. Ich werde meiner Herrin sagen, daß ich zu meiner Mutter gehe. Du hast mir eine Uhr versprochen. Du wirst sie mir mitbringen. Ist's nicht so? Adieu, mein schöner Abbē. Ich liebe Sie so sehr, wie Sie liebenswürdig sind, und das ist viel . . .

Marie Jeanne Dubarry an de la Garde

De la Cour neuve, 11. August 1764

Sie haben sich am vergangenen Montag verstohlenerweise in meine Kammer zu schleichen gewußt, und die Furcht, in der ich sowohl wegen Ihnen als mir war, nahm mir beinahe alle Kraft, Sie wegzuschicken oder Lärm zu schlagen. Ich mußte Sie also in mein Bett aufnehmen. Welche Versprechungen machten Sie mir nicht in jenen Augenblicken! Aber die Täuschung ist vorüber, mit Schmerzen bemerkte ich, daß Sie mich am anderen Tag nicht mehr ansahen. Sie machten der Frau Generalpächterin, einer Mutter von vier Kindern, die noch auf eine lächerliche Weise die

6.
»Der gefährliche Schlaf«. Kupferstich von Liotard nach einem Gemälde von Antoine Watteau (1684–1721).

Verliebte spielt, eine sorgfältige Aufwartung. Mir haben Sie gesagt, das sei nur deswegen gewesen, um Ihr Spiel nicht zu verraten. Ach! mein Herr, ich weiß Bescheid; Sie zeigten [bei mir] zu viel Lebhaftigkeit, zu starke Begierde und allzuviel Leidenschaft, als daß Ihr Betragen [bei der Generalpächterin] verständlich sein könnte. Sie haben meine Schwäche mißbraucht, um mich zu verführen und hernach zu verlassen; wenigstens fürchte ich das. Wenn dem nicht so ist, so ziehen Sie mich aus dem Irrtum und schenken Sie mir das Leben wieder. Morgen erwarte ich durch Louis eine Antwort von Ihnen; bekomme ich keine, so werde ich nach Paris gehen, nur um Sie zu sehen und Ihnen die derbsten Vorwürfe zu machen.

Marie Jeanne Dubarry an den Duc d'Aiguillon

Fontainebleau, 21. Oktober 1773

Mein lieber Herzog, ich bin in Todesängsten; Sie wissen, daß der König vorgestern unpäßlich war. La Martinière [der erste Wundarzt] muß bei ihm im Zimmer schlafen. Ich weiß nicht, was zwischen ihnen vorgegangen ist, aber von diesem Augenblick an ist Seine Majestät merklich kühler geworden. Ich fürchte die Vorstellungen dieses Äskulaps entsetzlich, und die Folgen, die sein Rat haben kann, lassen mir die Haut erschauern. Kommen Sie, sobald Sie Zeit haben, zu mir; ich werde den ganzen Abend allein sein. Es ist von äußerster Wichtigkeit, daß wir miteinander beraten, wie ich mich zu verhalten habe. Ich bin ganz die Ihre.

Gräfin Dubarry

2. Februar 1774

Wie! Herr Herzog, Ihnen muß ich die bittersten Vorwürfe machen! Ihnen, die ich Sie vor dem Galgen errettet habe. Ihnen, die ich die Schwachheit gehabt habe, Ihrer Leidenschaft Gehör zu geben! Ihnen, die ich Sie mit Wohltaten, mit Ehre und Ansehen überhäuft habe! Sie, die meine Fußtritte küssen sollten, Sie haben die Abscheulichkeit gehabt, mich zu hintergehen, Sie führen dem König ein Weibsbild zu, um Ihre Wohltäterin zu verdrängen! Ich weiß es, ich habe den von Ihrer Hand geschriebenen Beweis, und kann es doch kaum glauben, so unerhört kommt mir dieser Streich vor! Verzweiflung und Wut bemächtigen sich meiner Seele! – Ich brenne vor Rache. – Ich bin in diesem Augenblick so durcheinander, daß ich noch nicht weiß, welche Waffen ergreifen.

Ich will in meinem vollen Zorn zum König laufen, ihm Ihr Verbrechen und das meine gestehen, ihm Ihren Brief an die Baronesse von Nieuwekerque zeigen, bitten, uns beide zu strafen. Bis in die Hölle will ich Sie verfolgen, und wenn es Furien für Ungeheuer gibt, Sie ihnen überliefern. Mit einem Wort: stellen Sie sich vor, daß ich alles aufbieten werde, dessen eine verunglimpfte Frau fähig ist.

Gräfin Dubarry

Marie Anne Marquise du Deffand an Horace Walpole

Montag, 21. April 1766

Wenn Sie Franzose wären, würde ich nicht zögern, Sie für einen großen Gecken zu halten; Sie sind aber Engländer und folglich ein großer Narr. Wie können Sie sich herausnehmen, ich bitte Sie, zu sagen, ich habe mich Indiskretionen und romanhaften Leidenschaften hingegeben? Indiskretionen mag noch hingehen. Wenn man durchaus will, kann man das sagen. Aber romanhafte Leidenschaften, das bringt mich in Wut, und ich möchte Ihnen gern diese Augen ausreißen, die so schön sein sollen, die Sie aber gewiß nicht beargwöhnen können, mir den Kopf verdreht zu haben. Ich suche nach einem Schimpfwort, das ich Ihnen sagen könnte, aber ich finde keines ... Ich, die erklärte Feindin von allen, was auch nur im geringsten nach romanhaften Leidenschaften aussieht, ich, die ihnen stets den Krieg erklärt hat, ich, die ich mir alle die zu Feinden gemacht habe, die sich so lächerlich gebärdeten, ich werde heute dieser Dinge selbst beschuldigt! Und durch wen werde ich? Durch Horace Walpole und durch einen gewissen kleinen Craufurd, der sich nicht so deutlich auszudrücken wagt, aber der stillschweigend seine Zustimmung dazu gibt. O pfui, pfui, meine Herren! Das ist sehr häßlich. Ich werde sprechen wie meine teuren Landsleute, wenn man ihnen von einem harten und wilden Zug erzählt: »Das ist recht englisch.« Aber hören Sie und behalten Sie gut, daß ich Sie nicht mehr liebe, als ich muß, und ich glaube nicht über Ihre Verdienste.

Kommen Sie, kommen Sie nach Paris zurück und Sie werden sehen, wie ich mich benehme. Ich habe, wie ich Ihnen gestehe, eine große Ungeduld, die Sie selbst aus dem Erfolg Ihrer Lektionen und den Wirkungen meiner Entrüstung beurteilen könnten. Ich beginne jetzt mit einer neuen Lebensführung. Ich spreche nicht mehr Ihren Namen aus. Das kränkt mich etwas, wie ich Ihnen gestehen will. Ich würde gern mir das Vergnügen gönnen, Ihre Briefe mit jemand zu lesen, der Ihren Wert fühlte und mit dem ich darüber lachen könnte; aber wenn ich mich nun auch völlig frei meiner natürlichen Unklugheit überlassen wollte, würde ich doch niemand finden, der dieses Vertrauens wert wäre.

7.
Jean-Baptiste van Loo (1684–1745):
»Diana und der träumende Endymion«.

Seit Ihrer Abreise scheint mir meine ganze Umgebung noch törichter geworden zu sein und ich fürchte, einer unerträglichen Langeweile zu verfallen. Wenn Sie an denselben Orten wie ich wären, ahnte ich, was Sie dächten, Sie wüßten, was ich dächte, und wir würden es uns bald sagen. Diese Zeit ist vorbei, und wer weiß, wann sie wiederkommen wird! Seien Sie Abaelard, wenn Sie wollen, aber rechnen Sie nicht darauf, daß ich je Hēloïse bin. Habe ich Ihnen nie von meiner Abneigung gegen diese Briefe gesprochen? Ich bin von allen Übersetzungen verfolgt worden, die man davon gemacht hat und die man mich anzuhören zwang. Dies Gemisch oder vielmehr dieser Galimatias von Devotion, Metaphysik, Physik schien mir falsch, übertrieben, abstoßend. Treffen Sie für mich eine andere Wahl, als Abaelard zu sein. Seien Sie, wenn Sie wollen, der heilige Franz von Sales. Ich liebe ihn ziemlich, und ich werde gern Ihre Philothea sein . . .

Paris, Sonnabend, 1. November 1766, vier Uhr

Es ist ein Unglück für mich, und ein sehr großes Unglück, die Freundschaft, die ich für Sie gefaßt habe. O mein Gott, wie weit entfernt ist sie von einem Roman, und wie wenig haben Sie mich gekannt, als Sie mich eines solchen beschuldigten. Ich liebe Sie nur, weil ich Sie schätze und weil ich in Ihnen Eigenschaften gefunden zu haben glaube, die ich seit fünfzig Jahren vergebens bei jedem andern gesucht habe. Das hat mich so sehr entzückt, daß ich es mir nicht verwehren konnte, mich an Sie anzuschließen trotz des gesunden Verstandes, der mir sagte, daß ich eine Torheit beginge und wir durch tausend Hindernisse getrennt wären, daß es unmöglich wäre, daß ich Sie finden könnte und daß ich nicht erwarten dürfte, daß Sie eine so starke Freundschaft gefaßt hätten, um Ihre Freunde, Ihr Strawberry-Hill zu verlassen, um wen? aufzusuchen – eine alte einsame Sibylle in einem Klosterwinkel.

Ah, ich habe mir stets im Grunde meiner Seele Gerechtigkeit widerfahren lassen. Ihr Brief aus Chantilly hatte mir Hoffnung gegeben, aber fast alle, die ihm folgten, haben sie so gut zerstört, daß Ihr letzter, der reizend ist, sie nicht mehr wiederbeleben kann. Nein, ich werde Sie nicht mehr wiedersehen. Sie kündigen sich für den Februar an. Tausend und tausend Überstände werden von Ihrer Seite dazu kommen, und dann, kann es auf meiner Seite nicht noch einen größeren geben? Ah, mein Vormund, ich hätte gern gewünscht, daß Sie vor der großen Reise, die ich wohl bald antreten werde, noch eine Fahrt nach Frankreich machen könnten. Sie sehen, wie traurig ich bin. Nehmen Sie es nicht übel auf und lassen Sie mir die Freiheit, mich zu zeigen, so wie ich bin. Gibt es eine andere Freude, ein anderes Glück als sein Herz bei einem Freunde zu entlasten, auf den man einzig rechnet?

Jean-Jacques Rousseau an Sarah

nach 1770

Du liest in meinem Herzen, junge Sarah. Du hast mich durchschaut. Ich weiß es, ich fühle es. Hundertmal am Tage möchte Dein neugieriges Auge die Wirkung Deiner Reize erspähen. An Deiner zufriedenen Miene, an Deiner grausamen Güte, an Deinen verächtlichen Neckereien sehe ich, daß Du im geheimen Dich meines Elends erfreust. Du beglückwünschst Dich mit einem spöttischen Lächeln zu der Verzweiflung, in die Du einen Unglücklichen stürzt, für den die Liebe nur mehr ein Schimpf ist.

Du täuschst Dich, Sarah. Ich bin zu beklagen, aber ich bin nicht zu verspotten. Ich bin nicht der Verachtung, sondern des Mitleids wert, weil ich mir nichts weismache betreffs meines Gesichts noch meines Alters, weil ich, indem ich liebe, mich unwürdig fühle zu gefallen, und weil die verhängnisvolle Illusion, die mich verwirrt, mich hindert, Dich so zu sehen, wie Du bist, ohne mich zu hindern, mich so zu sehen wie ich bin.

Du kannst mich bei allem mißbrauchen, außer bei mir selbst. Du kannst mir alles in der Welt einreden, nur konntest Du nicht mein sinnloses Feuer teilen. Es ist die schlimmste meiner Strafen, mich zu sehen, wie Du mich siehst. Deine trügerischen Schmeicheleien sind für mich nur eine Demütigung mehr, und ich liebe mit der schrecklichen Gewißheit, nicht mehr geliebt zu werden.

Sei also zufrieden. Ach ja, ich bete Dich an. Ja, ich brenne um Deinetwillen in der grausamsten der Leidenschaften. Aber versuche, wenn Du es wagst, mich an Deinen Wagen zu ketten, wie einen Schmachtenden mit grauen Haaren, wie einen greisen Liebhaber, der den Angenehmen machen will und in seinem tollen Rausch sich einbildet, Rechte auf ein junges Wesen zu haben. Du sollst nicht diesen Ruhm haben, Sarah, schmeichle Dir damit nicht. Du wirst mich nicht zu Deinen Füßen sehen mit dem Wunsch, Dich mit galanten Redensarten zu unterhalten oder Dich mit schmachtenden Worten zu rühren. Du kannst mir Tränen entlocken, aber es sind weniger Tränen der Liebe als der Wut. Lache, wenn Du willst, über meine Schwäche. Du sollst wenigstens nicht über meine Leichtgläubigkeit lachen.

Ich spreche zu Dir heftig von meiner Leidenschaft, weil die Demütigung stets grausam ist und die Geringschätzung schwer zu ertragen. Aber meine Leidenschaft, so toll sie auch ist, ist nicht hitzig. Sie ist zugleich lebhaft und sanft wie Du.

Aller Hoffnung beraubt, bin ich dem Glück erstorben und lebe nur von Deinem Leben. Deine Freuden sind meine einzigen Freuden. Ich kann keine andern Genüsse haben als die Deinigen, noch andre Wünsche bilden als die Deinigen. Ich würde sogar meinen Nebenbuhler lieben, wenn Du ihn liebtest. Wenn Du ihn nicht liebtest, wünschte ich, er könnte Deine Liebe verdienen, er hätte mein Herz, um Dich würdiger zu lieben und Dich glücklicher zu machen. Das ist der einzige erlaubte Wunsch für den, der zu lieben wagt, ohne liebenswert zu sein. Liebe und werde geliebt, Sarah. Lebe zufrieden und ich werde zufrieden sterben.

*

Schließlich mangelt nichts mehr meiner Schande, und ich bin so gedemütigt, wie Du es gewollt hast. Da sieht man es, wohin mein Verdruß, meine Kämpfe, meine Entschlüsse, meine Beständigkeit geführt haben! Ich wäre weniger erniedrigt, wenn ich weniger Widerstand geleistet hätte. Wer, ich! Ich habe als junger Mann geliebt? Ich habe zwei Stunden zu den Füßen eines Kindes verbracht? Ich habe auf ihre Hände Ströme von Tränen vergossen? Ich habe geduldet, daß sie mich tröstete, daß sie mich beklagte, daß sie meine durch die Jahre matten Augen trocknete? Ich habe von ihr Lektionen in der Vernunft, im mutigen Benehmen empfangen? Ich habe trefflich von meiner langen Erfahrung und meinen traurigen Reflexionen profitiert. Wie oft bin ich errötet, mit zwanzig Jahren gewesen zu sein, was ich mit fünfzig wieder wurde? Ach, ich habe also nur gelebt, um mich zu entehren! Wenn wenigstens eine wahre Reue mich zu ehrlichsten Gefühlen zurückführte! Aber nein! Ich gefalle mir wider meinen Willen in denen, die Du mir einflößt, in dem Taumel, in den Du mich versenkst, in der Erniedrigung, zu der Du mich gebracht hast.

Wenn ich mich in meinem Alter auf den Knien vor Dir sehe, wallt mein Herz und zürnt. Aber es vergißt und verliert sich in den Entzückungen, die ich dabei gefühlt habe.

Ach, ich sah mich nicht damals. Ich sah nur Dich, angebetetes Mädchen. Deine Reize, Deine Gefühle, Deine Reden erfüllten, bildeten mein ganzes Wesen. Ich war jung mit Deiner Jugend, klug mit Deinem Verstand, tugendhaft mit Deiner Tugend.

Könnte ich den verachten, den Du mit Deiner Achtung ehrtest? Kann ich den hassen, den Du Deinen Freund zu nennen geruhtest?

Ach, diese väterliche Zärtlichkeit, um die Du mich in so rührendem Ton batest, dieser töchterliche Name, den Du von mir empfangen wolltest, ließen mich bald zu mir selbst kommen. Deine so zärtlichen Worte, Deine so reinen Schmeicheleien entzückten mich und zerrissen mir das Herz. Tränen der Liebe und des Grimms rannen aus meinen Augen. Ich fühlte, daß ich nur durch mein Elend glücklich war und daß, wäre ich würdiger gewesen zu gefallen, ich nicht so gut behandelt worden wäre.

Es macht nichts. Ich habe in Dein Herz die Zärtlichkeit tragen können. Das Mitleid verschließt es der Liebe, ich weiß es. Aber es hat für mich alle Reize. Ach, ich habe für mich Deine schönen Augen sich feuchten sehen, ich habe auf meine Wange eine Deiner Tränen sinken gefühlt. Oh, diese Träne, welch verheerenden Brand sie verursacht hat! Und ich wäre nicht der glücklichste der Menschen! Ach, wie sehr bin ich es, weit über meine stolzeste Erwartung!

Ja, möchten diese beiden Stunden unaufhörlich wiederkommen, möchten sie mit ihrer Wiederkehr oder mit ihrer Erinnerung den Rest meines Lebens erfüllen! Ach, was hat es gehabt, das vergleichbar dem wäre, was ich bei dieser Lage gefühlt habe!

Ich war gedemütigt, ich war von Sinnen, ich war lächerlich. Aber ich war glücklich, und ich habe in diesem kurzen Zeitraum mehr Freuden gekostet, als ich deren in all meinen Jahren gehabt habe.

Ja, Sarah, ja, reizende Sarah, ich habe alle Reue, alle Scham verloren. Ich erinnere mich nicht mehr an mich. Ich fühle nur das Feuer, das mich verzehrt. Ich kann in Deinen Ketten dem Hohn der ganzen Welt trotzen. Was tut es mir, wie ich den andern erscheinen kann? Ich habe für Dich das Herz eines jungen Mannes, und das genügt mir. Der Winter hat gut den Ätna mit seinem Eis bedecken. Seine Brust ist nicht weniger entzündet.

8.
»Die zärtliche Hingabe. Französischer Kupferstich von Landell nach einer Zeichnung von Rousseau.

Julie de Lespinasse an Jacques Antoine de Guibert

(1773) Sonntag, drei und einhalb Uhr

Mein Freund, ich werde Sie nicht sehen, und Sie werden mir sagen, daß das nicht Ihre Schuld ist. Aber wenn Sie den tausendsten Teil des Verlangens hätten, den ich habe, Sie zu sehen, würden Sie dort sein, würde ich glücklich sein. Nein, ich habe unrecht, ich würde leiden, aber ich würde nicht die Freuden des Himmels beneiden. Mein Freund, ich liebe Sie, wie man lieben muß, mit Übermaß, mit Tollheit, Entzücken und Verzweiflung. All die vergangenen Tage haben Sie meine Seele auf die Folter gelegt. Ich habe Sie heute morgen gesehen, ich habe alles vergessen, und mir schien, ich tat nicht genug für Sie, indem ich Sie von ganzer Seele liebte, indem ich in der Stimmung war, für Sie zu leben und zu sterben. Sie sind mehr wert als das. Ja, wenn ich nur Sie zu lieben wüßte, wäre das in Wahrheit nichts. Denn gibt es etwas Süßeres und Natürlicheres, als bis zur Tollheit zu lieben, was vollkommen liebenswürdig ist? Aber, mein Freund, ich weiß Besseres als zu lieben, ich weiß zu leiden, ich könnte auf meine Freude für Ihr Glück verzichten . . .

(1773) Sonntag, vier Uhr

[. . .] Mein Freund, Sie rieten mir gestern abend, Sie nicht zu lieben. War ich es oder Sie, der Sie von diesem Unglück befreit zu sein wünschten, sprechen Sie! Ich habe ein unfehlbares Mittel. Wie süß wird es mir sein, wenn ich denken kann, daß ich etwas für Sie tue. Mein Freund, diese Seele, die dem Thermometer gleicht, die zuerst auf Null steht, dann temperiert ist und etwas später dem heißen Klima des Äquators gleicht, diese Seele, durch eine unwiderstehliche Kraft so fortgerissen, hat viel Mühe, sich zu mäßigen und zu beruhigen. Sie begehrt Sie, sie fürchtet Sie, sie liebt Sie, sie verirrt sich, und immer gehört sie Ihnen und Ihren Klagen.

Donnerstag, 21. Februar 1774

Ich gebe dem Drange meines Herzens nach, mein Freund. Ich liebe Sie, ich empfinde soviel Freude und Schmerz dabei, als wäre es das erste- und letztemal meines Lebens, daß ich diese Worte ausspreche. Ach, warum haben Sie mich dazu verdammt? Warum bin ich dem unterworfen? Sie werden es eines Tages wissen, ach, Sie werden mich verstehen . . . Es ist mir schrecklich, nicht mehr frei zu sein, zu leiden für Sie und durch Sie. Ist es genug, Sie zu lieben? Leben Sie wohl, mein Freund.

In allen Augenblicken meines Lebens

Mein Freund, ich leide, ich liebe Sie, und ich erwarte Sie.

September 1774

[. . .] Ja, mein Freund, ich lebe ganz in Ihnen. Ich existiere, weil ich Sie liebe, und das ist so wahr, daß es mir unmöglich scheint, nicht zu sterben, wenn ich die Hoffnung verloren habe, Sie zu sehen. Das Glück, Sie gesehen zu haben, der Wunsch, die Erwartung, Sie wiederzusehen, helfen mir und halten mich aufrecht gegen mein Unglück. Ach, was sollte werden, wenn statt der Hoffnung ich nur das so schmerzliche Bedauern haben werde, Sie nicht zu sehen. Mein Freund, mit Ihnen habe ich nicht sterben können, ohne Sie kann ich nicht, noch will ich leben. Ach, wenn Sie wüßten, was ich leide! Welch schreckliche Qual mein Herz erfüllt, wenn ich mir selbst überlassen bin, wenn Ihre Gegenwart oder der Gedanke an Sie mich nicht mehr aufrecht hält.

Ach, damals, als das Andenken an Herrn von Mora ein so lebhaftes, so durchdringendes Gefühl wurde, flößte mein Leben und mein Gefühl für Sie mir Schaudern ein. Ich verabscheue die Verirrung und die Leidenschaft, die mich so schuldig gemacht haben, die Unruhe und Furcht in diese empfindsame Seele, die ganz mein war, gegossen haben. Mein Freund, begreifen Sie, wie sehr ich Sie liebe? Sie ziehen mich von den Klagen und den Gewissensbissen ab, die mein Herz zerreißen: ach, sie genügten, um mich von einem Leben zu befreien, das ich verabscheue. Sie allein und mein Schmerz sind alles, was mir in der ganzen Natur zurückbleibt. Ich habe kein Interesse mehr, keine Vorteile, keine Freude, ich bedarf ihrer nicht. Sie lieben, Sie sehen oder sterben, das ist der letzte und der einzige Wunsch meiner Seele. Die Ihrige antwortet mir nicht, ich weiß es, und ich beklage mich nicht darüber. Durch eine sonderbare Laune, die ich fühle, die ich Ihnen aber nicht erklären könnte, bin ich weit von dem Wunsch entfernt, in Ihnen alles wiederzufinden, was ich verloren habe. Das wäre zuviel. Welch Geschöpf hat je besser als ich den ganzen Wert des Lebens gefühlt? Ist es nicht genug, die Natur einmal geliebt und gesegnet zu haben? Wieviel Tausende von Menschen sind über die Erde gegangen, ohne ihr gedankt zu haben! Wie bin ich geliebt worden! Eine Seele von Feuer, voller Kraft, die alles beurteilt, alles geschätzt hatte und die von allem und mit Widerwillen zurückgekommen war, hatte sich dem Bedürfnis und der Freude zu lieben, überlassen. Mein Freund, wie wurde ich geliebt! Mehrere Jahre vergingen voller Reiz und Schmerz, untrennbar von einer so starken wie tiefen Leidenschaft, als Sie kamen und Gift in mein Herz gossen, meine Seele durch Wirrnis und Gewissensbisse verwüsteten. Mein Gott, was haben Sie mich nicht leiden lassen! Sie entrissen mich meinem Gefühl und ich sah, daß Sie nicht mir gehörten. Begreifen Sie das ganze Grauen dieser Lage? Wie kann man inmitten solcher Leiden leben? Wie findet man noch Süße zu sagen: Mein Freund, ich liebe Sie, aber mit solcher Wahrheit und Zärtlichkeit, daß Ihre Seele unmöglich kalt dabei bleiben kann, wenn sie mich anhört. Leben Sie wohl!

9.
François Boucher (1703-1770): »Schäferstündchen«.

Katharina II. an Fürst Grigori Potemkin

1777

Ich schreibe Dir aus der Eremitage, wo ich keinen Pagen habe. Heute nacht habe ich Koliken gehabt. Mein kleiner Grischa, es ist mir jetzt unmöglich, morgens zu Dir zu kommen. Ich sage Dir aus der Ferne, schriftlich, guten Morgen, und nicht persönlich wie damals in Tsarskoje Sēlo. Die Newa ist noch mit Eis bedeckt, und die Leute können sie zu Fuß überqueren ... Dir verdanke ich es, daß ich heiter aufgestanden bin, Du erfüllst mich mit Glück. Möge ich auch der einzige Grund Deines Glücksgefühls sein! Ich war ein wenig aufgebracht gegen Dich, aber nachdem ich Dich gestraft habe, ist nun mein Zorn verraucht, und ich bin Dir wieder sehr gewogen. So muß man also mit Dir umgehen, Du Kosak von Jaik! Meine geliebte Seele, ich empfinde soviel Zärtlichkeit für Dich, daß mein Brief zu lang werden würde, wenn ich mein Herz sprechen ließe, und da ich weiß, daß Du lange Briefe nicht magst, bin ich gezwungen, Dir adieu zu sagen, Du trotziger Moskowit, Kosak, Schmoller, Geliebter, Du überwältigende Schönheit, Du klügster, mutigster, fröhlichster Mann von der Welt, Du Freudenspender! Du weißt sehr wohl, daß Du all diese Eigenschaften besitzst, die mich von jeher angezogen haben, um derentwillen ich Dich so sehr liebe, daß ich nicht einmal fähig bin, meine Liebe für Dich in Worte zu fassen. Mein Herz, Du willfährst allen Wünschen meines Herzens und meiner Eitelkeit. *Ich bin vollkommen zufrieden mit Eurer Exzellenz, weil Eure Exzellenz hervorragend, entzückend, sehr liebenswert, sehr amüsant ist, kurz, all das bietet, was ich brauche. Und ich glaube, daß man sich dem Teufel hingeben müßte, um Sie verlassen zu können.* Ich werde nie Deinem Netz entkommen, im Gegenteil, ich werde mich noch mehr darin verstricken. Und wenn Du Deine Leidenschaft nicht zügelst, werde ich nicht aufhören, Dich zu lieben, und ich bete zu Gott, daß er mich zu der Stunde sterben läßt, zu der Du aufhören wirst, mich zu lieben, da der geringste Zweifel an Deiner Liebe zu mir mich zutiefst betrübt. Geliebter, folge dem Zuge Deines Herzens, liebe mich zumindest ein wenig, dann ich gehöre Dir ganz. Mich quält nur die Angst, daß Du nicht die Geduld aufbringst, diesen langen Brief zu lesen. Übergib ihn dann den Flammen, aber sei fröhlich und mir wohl gesonnen.

Fürst Grigori Potemkin an Katharina II.

(Mit Marginalien der Kaiserin)

(Potemkin)

Gestatte, Teuerste, Dir jetzt zu sagen, wie unser Streit vermutlich enden wird. Wundere Dich nicht, wenn ich um unsere Liebe besorgt bin. Neben all den Wohltaten, mit denen Du mich überschüttet, hast Du mich überdies in Dein Herz geschlossen. Ich will allein darin wohnen und über all meinen Vorgängern stehen, weil Dich niemand so liebt, wie ich Dich liebe. Und da ich das Werk Deiner Hände bin, so möchte ich Dir auch meine Ruhe verdanken, so ersehne ich, daß Du froh bist, weil Du mir Gutes erweist, daß Du Dich bestrebst, mich glücklich zu machen, und daß Du darin Entspannung von den ernsten Pflichten findest, die Deine erhabene Stellung Dir auferlegen.

Amen

(Katharina)

Je eher, je besser.

Sei unbesorgt.

Eine Hand wäscht die andere.

Stark und fest.
Das tust Du und wirst es tun.

Ich sehe es und glaube es.
Darüber freue ich mich
in meiner Seele.
Das kommt von selbst.
Gestatte den Gedanken, sich zu beruhigen, und den Gefühlen, ihre Freiheit wiederzuerlangen; sie sind zärtlich und werden schon von selbst den rechten Weg finden.
Schluß mit dem Streit.

Amen

Honoré Gabriel de Mirabeau an Sophie Monnier

20. März 1778

O meine Freundin, ich habe Deinen Brief, Deinen köstlichen Brief erhalten; ich habe tausend und abertausend Mal meine brennenden Lippen darauf gedrückt, während meine Seele dort umherirrte. Liebe Sophie, wie ist doch alles, was Du schreibst, so natürlich und rührend; wie kennst Du doch den Weg zum Herzen Deines zärtlichen Freundes . . . Meine einzige Geliebte, dennoch ist Dein Brief, der mein ganzes Glück macht, traurig. Du verstehst wohl, was ich damit sagen will. Ich weiß nur zu wohl, daß Du nicht anders als traurig sein kannst; aber Du scheinst mir unruhig, wenn auch nicht über meine Gefühle, doch über meine Gedanken . . . Du mein Alles! mein Gut! Weißt Du denn nicht, daß ich nie an Deiner Liebe, an Deiner Beständigkeit, der Zartheit Deiner Gesinnungen und Deiner liebevollen Aufmerksamkeit zweifeln kann? Weißt Du nicht, daß ich Dich ebensosehr verehre, als ich Dich anbete? Ach, wenn ich an meiner Sophie zweifelte, könnte ich leben? Teure Freundin, wenn einige Wendungen meines Briefes Dir doppelsinnig scheinen, so war es, weil ich Ursache hatte, zu fürchten, die geringste Unvorsichtigkeit könne Dich desselben berauben; und das Glück, Nachricht von Dir zu erhalten, ward für mich vergiftet durch den Gedanken, Du würdest vielleicht minder glücklich sein [. . .]

Sophie Monnier an Honoré Gabriel de Mirabeau

10. Dezember 1778

O mein guter Freund, Du gibst mir das Leben wieder durch die Hoffnung, weil sie Dir wiedergekehrt ist; ohne Zweifel ist sie sehr begründet, da sie die Güte des Herrn Le Noir zur Basis hat; ich weiß auch, daß Du nicht leicht schmeichelst, daß Du nicht wie ich Deine Hoffnungen an demselben Tage entstehen und vergehen siehst; deshalb hege ich das größte Vertrauen dazu. O mein Freund, wäre es denn wirklich wahr, daß Du frei wirst, und daß wir uns wiedersehen sollen? Sei es, und ich genieße schon drei Viertel meiner Freiheit. Aber ich habe sie oft so entfernt gesehen, daß ich doch fürchtete, der Ekel am Leben gewinne zuletzt die Oberhand. Ich sah, wie Du in Deinem letzten Brief den Tod riefest, ich sah schon, wie er uns zärtlich trennte, ehe wir wieder vereinigt waren. Gabriel, ich habe heiße Tränen dabei vergossen. Alles verband sich in dem Schreiben; unter dem Vorwand, mit mir von Tibull zu reden, sagtest Du mir so traurige Dinge. Ich glaubte, du hättest die Gewißheit, daß wir uns nicht wiedersehen würden. Ach, sagte ich, Gabriel hat mir so oft gesagt, daß er nicht wünschte, nicht für mich gelitten zu haben, und er verliert den Mut! Er will den Schmerz nicht länger ertragen; die Vernichtung scheint ihm jetzt das Beste; er hat also den Tag vergessen, wo ich, als ich nicht glaubte, ich würde noch zwei Stunden leben, in den Konvulsionen der Verzweiflung ihm zurief: Wie, Gabriel, sterben, ohne Dich zu sehen! Damals ergab er sich; mein Freund hat sich nicht geändert. Welche Opfer hat er nicht der Liebe gebracht! Wird er auch dieses noch bringen? Ja, er wird für mich und meine Tochter leben; ich will ihn darum bitten, und er wird es mir nicht verweigern; denn er hat mir nie etwas verweigert. Ich wollte Dich also heute, als um die einzige Gnade, darum anflehen; aber Du bewilligst es mir schon so. Ja, mein Freund, wir werden uns wiedersehen, ich glaube es, weil Du es mir sagst; was würde ich nicht glauben, wenn Du es mir versicherst! Wir werden wieder glücklich sein. Du erinnerst Dich gewiß, wie ich einst zu Dir sagte: Muß es gestorben sein, so soll es nicht geschehen, ehe ich meinen Freund in meine Arme geschlossen, an mein Herz gedrückt habe. Ach, eine Stunde bei ihm sein und dann sterben! Jetzt würde ich dasselbe sagen; aber jetzt müssen wir zusammen leben; denn wir sind uns weit mehr Schonung schuldig; wir müssen für unser Kind leben, das uns so teuer ist.

Mein Freund, ich werde Mut haben, so lange ich weiß, daß Du Mut hast; sehe ich ihn aber bei Dir erlöschen, wie soll ich dann den meinigen erhalten? So niedergeschlagen, wie ich dir auch erschien, bin ich es doch nicht vor den Augen der ganzen Welt, und es gibt Leute, die da wollten, ich wäre es mehr. Ich habe vermieden, von Dir zu reden, seitdem Du es mir rietest, um so mehr, als es nur beständig dazu diente, die Bitterkeit zu steigern. Aber Demütigung! nein, ich finde mich nicht gedemütigt; meine Liebe und mein Geliebter sind im Gegenteil mein ganzer Ruhm. Wer alles opfert, würde tausendmal mehr opfern, indem er glaubt, nichts getan zu haben. Ja, ich sage mit Rousseaus Hēloïse (aber ich habe es schon gesagt und geschrieben, ehe ich sie gelesen) : Ich will lieber, daß die ganze Welt meine Liebe wisse, als daß Du einen Augenblick daran zweifelst. Unsere Leiden haben unsere Bande und unsere Neigung verhundertfacht. O wie glücklich und kurz werden die Tage sein, die wir zusammen verbringen! Wenn unser Reichtum an Gefühl uns unsere Leiden hat mehr empfinden lassen, so verdoppelt er auch unsern Mut. Ich sehe sehr oft, daß ich recht unwissend bin; ich weiß nur eins, teurer Freund: Dich recht zu lieben, und daran liegt mir am meisten.

Sophie

10.
François Boucher: »Der glückliche Augenblick«.

Giacomo Casanova an Maria Josefa oder Maria Walpurga Lamberg

Dux, 25. Februar 1791

Gnädiges Fräulein!
Ich bin mit den Keimen aller Leidenschaften geboren wie Sie und wie alle vernünftigen Individuen, die sich auf der ganzen Oberfläche dieses Erdballs finden, der Unterschied besteht nur in der Dosis der verschiedenen Keime. Der stärkste in mir ist jener der Leidenschaft, den Grund von allem zu lernen und besonders von dem, was man nicht wollte, daß ich es erführe. Das war keine Neugierde, denn die Neugierde ist ein Laster, das man nicht mit dem verwechseln muß, was Leidenschaft ist. Das Laster ist häßlich, die Leidenschaft ist schön, aber ich werde Ihnen von dieser ein anderes Mal sprechen: kehren wir zu unserem Gegenstand zurück.

Diese Leidenschaft zu lernen dauerte in mir, indem sie immer an Stärke zunahm, bis zur Hälfte meines Lebens, das heißt bis zu meinem Alter von vierzig Jahren, wenn Sie mir es wohl gestatten wollen. In diesem Zeitraum befand sie sich auf der höchsten Spitze ihres Aufstiegs und begann die Linie des Abstiegs einzuschlagen, welcher sie der Art nach änderte. Aus der Leidenschaft zu lernen ist eine Leidenschaft zu lehren geworden. Diese Umwandlung, gnädiges Fräulein, darf Sie nicht überraschen, denn Lernen und Lehren gehören in dieselbe Kategorie, das ist so wahr, da in der französischen Sprache (die manchmal philosophisch und gelehrt ist, obschon weniger oft als all die anderen Sprachen) das Wort *apprendre* hermaphroditisch ist. Ich berufe mich auf den Herrn Grafen, Ihren Vater, der Ihnen, wenn er will, das erklären wird, was dieses Wort bedeutet; und zum zweitenmal kehren wir zu unserem Gegenstand zurück.

Meine Leidenschaft zu lernen, die nun die zu lehren geworden, ist von einer besonderen Natur. Sie fühlt sich nur durch das schöne Äußere hübscher Mädchen und hübscher Knaben zur Handlung bewogen. Bemerken Sie *Horaz,* der sagt, daß er, *Priester der Musen* geworden, nur mehr dieses Vergnügen hat. Virginibus puerisque canto. Aber kehren wir zum drittenmal zu unserem Gegenstand zurück.

Ihr Äußeres also erregte in dem ersten Augenblick, da ich das Glück gehabt habe, Sie zu sehen, meine edle Leidenschaft, und meine Seele hat mir gesagt, daß sie, indem sie Ihnen das mitteilen kann, was sie weiß, glücklich werden würde, und daß ich es folglich auch werden würde, denn, sehen Sie, unsere Seele ist so sehr hypnostatisch mit unserem Körper, daß das eine nicht ohne das andere genießen, weggehen und handeln kann. Aber ich bin unerträglich, kehren wir zum viertenmal zu unserem Gegenstand zurück.

Indem ich Brünn verlassen mußte, habe ich auch den Gedanken aufgeben müssen, mir das Glück zu verschaffen, Ihnen meine Lehren mitzuteilen, und mein edler Wunsch ist mit den unzähligen, die die Ketten meines Lebens vergolden, eingeschlafen. In diesem Augenblick nun ließ mich der Mann, dem Sie die Hälfte Ihres Wesens verdanken und der mich seit dreißig Jahren mit seiner Freundschaft beehrt, wissen, daß Sie sich in der Lage befinden, mich um eine Belehrung zu fragen. Stellen Sie sich, wenn Sie es können, das Vergnügen vor, das ich beim Erwachen meines sechs Jahre alten Wunsches gefühlt habe. Ja, gnädiges Fräulein, ich bin bereit, trotzdem daß ich durch das Alter gezähmt bin, Sie zufriedenzustellen, denn meine Seele fliegt heute leichter als damals, da mein Körper dreißig Jahre alt war.

Johann Wolfgang Goethe an Christiane Vulpius

Im Lager bei Verdun, 10. September 1792

Ich habe dir schon viele Briefgen geschrieben und weiß nicht, wenn sie nach und nach bei Dir ankommen werden. Ich habe versäumt, die Blätter zu numerieren und fange jetzt damit an. Du erfährst wieder, daß ich mich wohl befinde, Du weißt, daß ich Dich herzlich lieb habe. Wärst Du nur jetzt bei mir! Es sind überall große breite Betten, und Du solltest Dich nicht beklagen, wie es manchmal zu Hause geschieht. Ach! mein Liebchen! Es ist nichts besser, als beisammen zu sein. Wir wollen es uns immer sagen, wenn wir uns wieder haben. Denke nur! Wir sind so nah an Champagne und finden kein Glas Wein. Auf dem Frauenplan soll's besser werden, wenn nur erst mein Liebchen Küche und Keller besorgt.

Sey ja ein guter Hausschatz und bereite mir eine hübsche Wohnung. Sorge für das Bübchen und behalte mich lieb. Behalte mich ja lieb! Denn ich bin manchmal in Gedanken eifersüchtig und stelle mir vor: daß Dir ein andrer besser gefallen könnte, weil ich viele Männer hübscher und angenehmer finde als mich selbst. Das mußt Du aber nicht sehen, sondern Du mußt mich für den besten halten, weil ich dich ganz entsetzlich lieb habe und mir außer Dir nichts gefällt. Ich träume oft von Dir, allerlei konfuses Zeug, doch immer, daß wir uns lieb haben. Und dabey mag es bleiben.

Bei meiner Mutter habe ich zwei Unterbetten und Kissen von Federn bestellt und noch allerley gute Sachen. Mache nur, daß unser Häusgen recht ordentlich wird, für das andre soll schon gesorgt werden. In Paris wird's allerley geben, in Frankfurt gibt's noch ein zweites Judenkrämchen. Heute ist ein Körbchen mit Likör abgegangen und ein Päckchen mit Zukkerwerk. Es soll immer was in die Haushaltung kommen. Behalte mich nur lieb und sei ein treues Kind, das andre gibt sich. Solang' ich Dein Herz nicht hatte, was half mir das übrige! jetzt, da ich's habe, mögt ich's gern behalten. Dafür bin ich auch Dein. Küsse das Kind, grüße Meyern und liebe mich.

G.

11.
François Boucher: »Die überraschten Liebenden«.

Briefe über die Galanterien von Frankfurt am Mayn in den Jahren 1795 und 97 – in Briefen an S **

Bester Freund!

Der erste Gang ist getan, Bornheims erstes Haus, rechter Hand, beschenkte ich mit meiner Gegenwart. Herr B . . n ein steifer, alter Kerl von Wirt, kommt mir so ziemlich ehrlich vor. Drei Freudenmädchen hüpften bei einer stumpfen Musik mit drei jungen Herrchens lustig herum. Ihre Brüste wackelten, und während dem Tanz ließen sie sich tapfer ihre Heiratsgelenke betasten. Ich stopfte mir eine Pfeife und unterhielt mich mit meinem Freunde, der mich, weil ich unbekannt bin, auf allen meinen Wegen begleiten wird. Der Tanz endigte sich, und zwei Paar von den Tanzenden verloren sich, um vermutlich auf dem Bett einen Walzer zu tanzen. Das dritte Mädchen machte nun *attaque* auf mich. Sie setzte sich auf meinen Schoß, machte verschiedene Hand-*manœuvres,* und ehe ich mich's versah, spürte ich so etwas Artiges in mir daß ich mich hin und her wandte. Sie merkte es, und gab mir verschiedene sanfte Drücke. Ich sah meinen Freund an, und ob er mich schon vorher gewarnt hatte, mich in Bornheim in Obacht zu nehmen, so war ich doch hier meiner nicht mächtig. Das Mädchen las aus meinem Auge was ich wollte, küßte mich etliche Male, beleckte mich wie ein Hündchen, und nun ging's hinunter, durch die Küche in ein kleines Zimmer mit einem großen Bett. Das Mädchen mochte ungefähr achtzehn Jahre haben, war schön, ihre Brüste, die bei ihrem Hinlegen aufs Bett, wie frische Butterwecke aus dem losgemachten Halstuche emporstiegen; – der von ihr selbst in die Höhe gehobene Rock wo ich nun volle runde Schenkel und eine recht appetitliche Liebesgrotte antraf; o, Freund! alles das und was ich empfand, da ich ihr die volle Ladung gab, läßt sich nicht beschreiben, nur empfinden. Lange war mir's nicht so wohl als hier, da ich in ihrer Mitte war, welche sie so schön zusammenzupressen wußte. Sie lag der Länge nach ausgestreckt, ihre beiden Arme über ihren Kopf, und wiederholte so lebhaft jede Bewegung, daß der Reiz doppelt empfindbar für mich war. Mein langes Fasten hab ich bei ihr doppelt wieder ersetzt, sie bekam alles auf der Reise Gesparte, aber mein Amor wollte sich doch noch nicht bequemen, diese so sanfte, zarte Höhle zu verlassen; ich mußte also ihm folgen und das Spiel noch ein paarmal wiederholen.

Nach völlig geendeter Arbeit und nachdem ich das Mädchen für die empfangene Wollust bezahlt hatte, begab ich mich wieder zu meinem Freunde. Die Gesellschaft war nun lebhafter: Die obere und untere Gaststube war mit Gästen allerlei Art vollgestopft. Verheiratete und Ledige, Bäckerknechte und Schreiber, Frankfurter Richter und Notarien mit ihren Instrumenten, kurz allerlei Leute. Die Mädchen flatterten von einem zum andern, soffen, ließen sich befühlen, sangen und befühlten wieder! Eine gewisse Frau St . ff. . n hatte ihre Tochter, ein zierlich, aber noch sehr junges Mädchen bei sich. Dieses wurde hinten und vorn befühlt und war dabei so geduldig wie ein Lämmchen. Ich selbst machte mich herbei, fand aber nichts als junges Moos noch in seinem Keime. Weiter kann man noch nichts mit ihr vornehmen: sie wird nur einstweilen zum Laster vorbereitet. Eine herrliche Vorbereitung!!!

Der Tag verstrich unter Vergnügen mancherlei Art. Wir blieben bis 11 Uhr abends und gingen zum Einlaß herein in die Stadt. Nun ist's zwölf vorbei. Das Rückerinnern an die genossene Lust machte, daß ich noch diesen Brief schrieb; nun aber ist's Zeit zu schließen, sonst wird mein Amor wieder rebellisch. Bald ein mehreres von

Deinem

Freund

Napoleon an Josephine

Marmirolo, 17. Juli 1796

Ich erhalte soeben Deinen Brief, meine angebetete Freundin; er hat mein Herz mit Freude erfüllt. Ich bin Dir sehr verpflichtet für die Mühe, die Du Dir gegeben, mir Nachrichten von Dir zukommen zu lassen; Deine Gesundheit muß heute besser sein; ich bin gewiß, daß Du hergestellt bist. Ich rate Dir sehr zu reiten; es muß Dir gut tun.

Seitdem ich Dich verlassen habe, bin ich immer traurig gewesen. Mein Glück ist, bei Dir zu sein. Ohne Aufhören rufe ich mir Deine Küsse, Deine Tränen, Deine liebenswürdige Eifersucht ins Gedächtnis zurück; und die Reize der unvergleichlichen Josephine entzünden unaufhörlich eine lebhafte, brennende Flamme in meinem Herzen und in meinen Sinnen. Wann werde ich frei von aller Unruhe, allen Geschäften alle meine Augenblicke bei Dir zubringen können, nichts zu tun haben, als Dich zu lieben und an das Glück zu denken, es Dir zu sagen und zu beweisen? Ich werde Dir Dein Pferd senden; doch hoffe ich, Du kannst bald zu mir kommen. – Vor einigen Tagen glaubte ich, Dich zu lieben, aber seitdem ich Dich gesehen habe, fühle ich, daß ich tausend Mal mehr liebe. Seit ich Dich kenne, verehre ich Dich alle Tage inniger; das beweist, wie sehr die Maxime La Bruyères, *daß die Liebe plötzlich entstehe,* falsch ist. Alles in der Natur hat seinen Gang und verschiedene Grade des Wachstums. – Ach, ich bitte Dich, laß mich einige von Deinen Fehlern sehn! Sei weniger schön, weniger liebenswürdig, zärtlich, gut vor allem; vor allem sei nie eifersüchtig und weine nie; Deine Tränen rauben mir den Verstand, versengen mein Blut. Glaube nur, daß es nicht mehr in meiner Macht liegt, einen Gedanken, der Dir nicht gehörte, eine Idee, die Dir nicht unterworfen sei, zu haben.

Ruhe wohl aus. – Stelle Deine Gesundheit schnell wieder her. Komm zu mir; damit wir wenigstens, ehe wir sterben, sagen können: Wir hatten so viele glückliche Tage!!

Eine Million Küsse, sogar dem Fortuné [Josephines Schoßhund] trotz seiner Bösartigkeit.

Verona, 13. November 1796

Ich liebe Dich nicht mehr; im Gegenteil ich verabscheue Dich. Du bist recht schlecht, recht linkisch, recht dumm, ein rechtes Aschenbrödel. Du schreibst mir gar nicht; Du liebst Deinen Mann nicht; Du weißt, welche Freude Deine Briefe ihm machen, und Du schreibst ihm nicht einmal sechs aufs Geradewohl hingeworfene Zeilen.

Was treiben Sie denn den ganzen Tag, Madame? Welches wichtige Geschäft raubte Ihnen die Zeit, Ihrem so guten Geliebten zu schreiben? Welche Neigung erstickt und beseitigt die Liebe, die zärtliche und beständige Liebe, die Sie ihm gelobt haben? Wer kann der Wunderbare, der neue Geliebte sein, der alle Ihre Augenblicke an sich reißt, Ihre Tage beherrscht und Sie hindert, sich mit Ihrem Gatten zu beschäftigen? Josephine, nehmen Sie sich in Acht; plötzlich werden einmal in der Nacht Ihre Türen gesprengt, und da bin ich.

In der Tat, es beunruhigt mich, meine liebe Freundin, keine Nachrichten von Dir zu empfangen; schreibe mir schnell vier Seiten, und zwar von jenen liebenswürdigen Dingen, die mein Herz mit Rührung und Freude füllen.

Ich hoffe, Dich binnen kurzem in die Arme zu schließen, und werde Dich mit einer Million Küsse, brennend wie unter dem Äquator, bedekken.

Mailand, 27. November 1796

Ich komme in Mailand an, stürze in Dein Zimmer, habe alles verlassen, um Dich zu sehen, Dich in meine Arme zu schließen . . . Du warst nicht da, Du eilst der Feste wegen von einer Stadt zur andern; Du entfernst Dich von mir, wenn ich ankomme, Du kümmerst Dich nicht mehr um Deinen lieben Napoleon. Eine Laune ließ Dich ihn lieben, die Unbeständigkeit macht ihn Dir gleichgültig.

An die Gefahren gewöhnt, kenne ich das Mittel gegen die Qualen und Übel des Lebens. Das Unglück, das ich empfinde, ist nicht zu berechnen; ich hatte das Recht, nicht darauf zu rechnen.

Ich werde bis zum 9. hier sein. Laß Dich nicht stören; geh Deinem Vergnügen nach; das Glück ist für Dich geschaffen. Die ganze Welt ist zu glücklich, wenn sie Dir gefallen kann, und Dein Mann allein ist recht, recht unglücklich.

Susette Gontard [Diotima] an Friedrich Hölderlin

etwa 1798
Abends

Mein Brief hat Dich betrübt, Du Lieber! und Dein Brief hat mich so unaussprechlich gefreut, mich so glücklich gemacht, er zeigte so viel Liebe! O! wie erwiderte sie mein Herz in allen Tönen, wie ich ihn las, wie warm schloß mein Gemüt an Deines sich an. Und Du! solltest Du vielleicht an [meiner] Liebe zweifeln? sollte mein kalter trockner Brief Dich bekümmert haben, wie hättest Du unrecht! könntest Du meinen Schmerz und meine Tränen sehen bei diesem Gedanken. Du würdest das nicht denken, doch das ist es auch wohl nicht, was Dich gequält hat, Dir ist wohl bange, daß mein Herz mir stirbt und ich Dich dann auch nicht mehr lieben könnte. Ich kann mir keinen Begriff machen, welchen Eindruck meine Worte auf Dich machten, ich sah aber Deine Tränen fließen, sie fielen brennend auf mein Herz, ich konnte sie nicht trocknen! --- betäubt und stumm saß ich den ganzen Abend und fand diesen Augenblick, mein geklemmtes Herz zu erleichtern, weil ich allein blieb. Ach, könnte ich hin zu Dir und Dir Trost geben. Ich habe kein Geheimnis vor Dir, meine Seele! Auch ist meine Liebe zu voll, um daß mein Herz mir sterbe, wenn ich still und trocken bin, so zweifle nur nicht an mir, dann brennt es in der Tiefe, und ich muß wie Du mich vor Leidenschaft bewahren, der Gram zehrt wohl ein wenig, doch die süße heilende Schwermut kommt immer vom Himmel zur rechten Zeit und gießt ihren Segen in's Herz, und verzweifeln werde ich nie an der Natur, auch wenn ich den Tod schon im Inneren fühlte, würde ich sagen, sie weckt mich wieder, sie gibt mir alle meine Gefühle wieder, die ich treu bewahrte und die mein sind, die nur der Druck des Schicksals mir nahm, aber sie siegt, sie bereitet aus Tod mir neues schöneres Leben, denn der Keim der Liebe liegt tief und unaustilgbar in meinem Wesen, ich sage das aus *Erfahrung* denn ich weiß, wie immer lebendiger sich mein Herz aus allem Druck hervorgehoben hat. Ach ich weiß nicht, Teurer, ob ich den rechten Ton treffe, ich hatte Dir gewiß nichts zu *erzählen,* wohl viel viel zu sagen, aber was mich drückt, ist nichts anders, als daß ich nicht bei Dir sein kann. Könnte ich Dir nur die Gewißheit geben, aber ich bin bange, meine leidenschaftliche Sprache wird Dich

12.
François Boucher: »Die Freuden des Herbstes«.

nicht überzeugen. O laß es! und sei wieder glücklich in Deiner Liebe! Mich freut noch heute abend der Gedanke, daß ich Dich doch noch gesehen, Gott! wenn Du in dieser Stimmung gegangen wärest, sieh! ich könnte dankend beten, daß der Genius der Liebe mich so unsichtbar leitete! und in diesen Betrachtungen will ich einschlafen und Segen Dir wünschen. – –

Morgends

Ich habe gut geschlafen mein Bester, und noch einmal muß ich Dir sagen, wie viel Freude mir Dein Brief machte, und Dir danken für all die stille Seligkeit, die Du mir bereitet, ach lies Du meinen Brief nicht mehr, wenn er Dich bekümmert hat, und halte Dich an den vorletzten, der Dir so lieb war, ich mußte gestern noch viel über Leidenschaft nachdenken. – – – *Die Leidenschaft der höchsten Liebe* findet wohl auf Erden ihre *Befriedigung nie!* – – – fühle es mit mir! *diese* suchen wäre Torheit. – – – *Miteinander sterben!* – – – Doch still, es klingt wie Schwärmerei und ist doch so wahr – – – *ist* die Befriedigung. – – Doch wir haben heilige Pflichten für diese Welt. Es bleibt uns nichts übrig als der seligste Glaube aneinander und an das allmächtige Wesen der Liebe, das uns ewig unsichtbar leiten und immer mehr und mehr verbinden wird. – – –

Stille Ergebenheit! Vertrauen auf das *Herz,* auf den Sieg des Wahren und Besten, dem wir uns hingegeben. Und wir könnten untergehen? – – – Dann, ja dann, müßte alles aus dem Gleichgewichte kommen und die Welt in ein Chaos sich verwandeln, wenn nicht der nämliche Geist der Harmonie und Liebe sie erhielte, der auch uns erhält, lebt er ewig in der Welt, warum! wie! könnte er uns verlassen, dürfen wir uns wohl mit der Welt vergleichen! und doch kann es nicht anders in uns sein, wie im großen so im kleinen. Und wir sollten nicht vertrauen? Wir! die wir täglich Beweise der herrlichen, auch uns belebenden Natur haben, die uns nur *Liebe* zeigt, wir sollten Kampf und Uneinigkeit in unserer Brust hegen, wenn alles uns zur Ruhe der Schönheit ruft! – – – O gewiß nicht, mein Bester! Wir können nicht unglücklich werden, weil diese Seele in uns lebt. Und ich weiß es, der Schmerz wird uns nur besser machen und uns inniger verbinden.

Darum gräme Dich auch jetzt nicht, daß Du mich traurig machtest, sieh es ist ja alles vorbei, wenn Du wieder ruhig bist, und ich habe mich stark gefühlt. Noch muß ich Dir sagen, daß mein Vertrauen zu Dir ohne Grenzen ist, wie Du bist, wie Du es machst, ist es mir stillschweigend recht, ich frage selbst nicht warum, Du kamst die vorige Woche nicht, Du sagtest gestern nicht, daß Du noch hier vorbeikommen wolltest, daß Du heute morgen noch einmal kommen wolltest, wenn ich Dir in meinem Brief es gleich vorgeschlagen. Ich kann Dich versichern, daß es mich im geringsten nicht irrte, so glücklich war ich durch Deinen Brief, und ich dachte nur, es ist *gewiß Liebe* und fragte nicht weiter, und in dem Glauben an *diese* muß man das Unerklärliche ehren. O mein Bester! Lieber! sei wieder ruhig, sei heiter und bringe mir das einzig selige Gefühl, daß Du zufrieden bist und gib auch mir meine Ruhe wieder, dann, gewiß, dann werde ich glücklich sein. – – –

Charlotte von Kalb an Jean Paul

Dezember 1798

Ich fange an zu zittern, und Todeskälte umfaßt mich. Ich kann nichts tun, bis ich weiß, ob Sie den Abend kommen. Schreiben Sie bald, damit ich weiß, ob ich auch schreiben und arbeiten kann. Oder ob – – – ach – denke Dir das Widrigste, das ist es. Die Billette, die so spät kommen, sind immer Todesboten. Was ich zu sagen habe, ist sehr bedeutend. Mich hat ein Wort mit dem ganzen menschlichen Geschlecht bekannt gemacht und mich in ein anderes Verhältnis mit ihm gesetzt, bei dem es ewig bleibt. Deiner Seele darf es nicht verborgen bleiben.

Meine Seele wird ruhig sein. Ich werde aber auch diese Wahrheit sagen von mir und andern, und es wird, was ich einst sagte, ein Testament. Sie werden von nichts hören als was von der Wahrheit, der Güte kommt. Ich will dann auch lange keinen Besuch von Ihnen erwarten; so wollen, wollen Sie mich auch nie wiedersehn! –

Ch.

(undatiert)

»Daß ich meine Lippen auf die Wunden Deines Herzens legen werde. Sei still, liebe Seele!« Ich habe seit gestern um 10 Uhr nichts anderes gedacht.

»Werde ruhig und hoffend!« Bei der ewigen Wahrheit, bei meiner Seligkeit, ich will es werden. Prüfe Dich nur, was Deine Liebe für mich Dir ist. Ob sie Deinem Herzen unentbehrlich ist, ob sie unendlich ist. Es ist mir, als hörte ich nur meine Liebe. Von einem mächtigen Geist vernichtet zu werden, ist viel erhabener als die höchste Ehre, Genuß und Fülle, so die Welt geben kann. O nimm mich auf, damit ich sterben kann, denn ich kann entfernt von Dir nicht leben und nicht sterben. Heiliger Gott, gib Deinem Unsterblichen alles – all die Seligkeit, die Deine Erschaffenen entbehrten, all die Seligkeit, die sie verkennen! Gib ihm mein Herz, gib ihm meine Wonne! Laß mich nur in seiner Nähe, daß ich sein Antlitz schaue! Laß mir den Schmerz, laß mir die Tränen um ihn! Ach komme, ich beschwöre Dich um meine Seligkeit, komme jetzo, Du wirst Ruhe finden! Laß mich nicht in den fürchterlichen Leiden allein! Bis den Abend kann ich's nicht tragen. – Lieber den Tod.

Caroline Schlegel an Friedrich Wilhelm Schelling

März (?) 1801

Mein allerliebster Freund, ich schreibe Dir gleich frisch auf der Tat nach Deiner artigen Sendung. Gestern hatten wir ein großes Konzert hier im Hause (mit Quartetten), und ich hatte Dich immer vor Augen und im Herzen gehabt; ehe ich mich schlafen legte, übergab mir Rose noch die beiden Briefe von Dir, und so wie ich aufstehe, will ich Dir dafür danken. Ihr Sinn ist doch liebreich, den kleinen Bitterkeiten zum Trotz; Du irrst Dich, aber ich hoffe, Du wirst nicht etwa meinen, recht zu haben. Denn wenn ich Dich gleich verlasse, so tu ich es doch ganz anders, wie Du vorgibst, Dir einzubilden, und ich habe niemals so fest und unauflöslich an Dir gehangen. Wenn Du mich von Dir losmachen wolltest, so würdest Du mein Leben mit zerreißen. Also was Du schwatzest vom Wunsch, frei zu sein, und von der Möglichkeit, daß mich mein innerer Genius nicht eben zu Dir unwiderstehlich hinzöge, das ist alles Torheit – denn eben zu Dir; ich habe es nie allmächtiger empfunden. Ich will bloß dabei bleiben, was ich bin, was ich nicht ändern könnte, ohne mich zu zerstören, mir treu, um Dir desto treuer zu sein. Die Furcht, Dein Mißfallen zu erregen, und der zerrüttende Eindruck, den Dein Mißfallen auf mich macht, die muß ich fliehen um der Liebe und meines heiligen unabänderlichen Grames willen, der solche Störungen nicht mehr erträgt – drum muß ich mich wenigstens insofern von Dir trennen, daß Du nicht leidest durch meine Schulden, und bloß das Freundesrecht habest zu tadeln, nicht beschämt für mich zu werden, und bloß das Recht des Geliebten, Gefallen an mir zu finden, nicht Gefallen an mir zu üben. Oh, ich habe Dich schrecklich lieb, unbegreiflich lieb, und nun wird es erst ganz an den Tag kommen. Könnt ich Dir nur meinen Sinn einflößen, alle Spannung weghauchen, Dich selbst festhalten in Deiner Anmut, bei Deiner leichtern Stimmung. Süßes Herz, Du bist auch liebenswürdig, der Himmel ist nur noch nicht klar. Wolken fliehen hin und her, der Sturm jagt sie vor das Angesicht der Sonne. Kein Klima gibt es auf der Erde ohne Wolken, aber nur im Norden steigen sie so unaufhörlich wieder empor, komm in meinen Süden, komm, Du geliebtester aller Menschen. Gewiß, wenn Du Dich jetzt nicht mehr trau-

ernd an Unmöglichkeiten wendest, so können wir uns noch ein schönes Leben bilden. Nimm unser wunderbares Bündnis, wie es ist, jammre nicht mehr über das, was es nicht sein konnte, nicht die reine irdisch schöne beschränkte Liebe zweier Wesen, die frei von allen Fesseln sich zum erstenmal begegnen, um ihre Freiheit miteinander auszutauschen, ja nicht einmal ein mutiges Zerreißen aller vorhergegangner Bande, das sich die Liebe selbst in meiner Lage nie als Tugend hätte anrechnen können. Und doch, so zerstückt wie es den einfachen Wünschen dasteht, ist es alles in allem, als Freund, als Bruder, als Sohn und Geliebten schließe ich Dich an meine Brust, es ist wie das Geheimnis der Gottheit, gleich der Jungfrau, die Mutter ist, und Tochter ihres Sohnes und Braut ihres Schöpfers und Erlösers. So laß es uns denn endlich still und gläubig ansehen.
Ich weiß wohl, daß mir dies nach meiner Natur und schon als Weib viel leichter wird. So wie Du in das Bewußtsein tratest, waren Deine Forderungen an das Schicksal die eines Herrschers, recht bestimmt, von keiner Einschränkung wissend, vielleicht dennoch beschränkt – Du wolltest ein ungetrübtes jugendliches Glück, Du jugendliches Herz, wie es auch so einem herrlichen Menschen ziemet, wenn Du nur nicht noch so viel herrlicher wie herrlich gewesen wärest. Wie ich in mir selber erwachte, da machte es sich so, daß ich lange, lange glaubte, in der Wirklichkeit wäre das Glück niemals zu Hause, und nichts, was dem innern Dasein eigentlich entspräche. Und durch diese erste Erziehung bin ich immer ein wenig bescheiden geblieben. Die Resignation hat mir Tiefe gegeben, und die erste Liebe eine ganz unaussprechliche Heiterkeit, ob sie schon selbst fast nicht in die Wirklichkeit gehörte. Nun begnügst Du Dich, wenn es sein muß, jedoch in Bitterkeit, und ich in reicher Demut. Du kannst und sollst gar nicht sein wie ich – aber erkenne nur die Sache, wie sie steht von beiden Seiten, und nimm von mir an, was Dein edles Gemüt nicht bezwingen, aber besänftigen, trösten, beruhigen möchte.

Donnerstag. Spotte nur nicht, Du Lieber, ich war doch zur Treue geboren, ich wäre treu gewesen mein Leben lang, wenn es die Götter gewollt hätten, und ungeachtet der Ahndung von Ungebundenheit, die immer in mir war, hat es mir die schmerzlichste Mühe gekostet, untreu zu werden, wenn man das so nennen will, denn innerlich bin ich es niemals gewesen. Dieses Bewußtsein eben von innerlicher Treue hat mich oft böse gemacht, hat mir erlaubt mir wagend zu erlauben, ich kannte das ewige Gleichgewicht in meinem Herzen. Konnte mich etwas Nied[r]eres vor dem Untergang bewahren in meinem gefahrvollen Leben als dieses Höchste? Und wenn ich mir Verzweiflung bereitet hätte in der Verzweiflung der von mir

Geliebten – ja, ich würde im Schmerz darüber verzweifeln, im Gewissen nicht, niemals könnte ich wie Jacobi ausrufen: verlasse Dich nicht auf Dein Herz. Ich müßte mich verlassen auf mein Herz über Not und Tod hinaus, und hätte es mich in Not und Tod geleitet. Das ist *mein* unmittelbares Wissen, daß diese Sicherheit sicher ist, und könnte sie in mir zerbrochen werden, so müßte sogleich die Vernichtung eintreten, für mich nämlich. Denn eine Lehre ist das nicht und kann nicht mitgeteilt werden, eine unsichtbare Kirche wird es aber doch wohl sein. Du siehst, ich nehme es mit der Treue im Großen – aber gewiß nicht um Dir zu entschlüpfen, nur weil mir das so nahe liegt; insofern ich mir treu bin, bin ich es auch Dir. Freilich wohl, so wie nach meiner Idee die Sünde nicht in den Handlungen liegt, so möchte auch die Treulosigkeit mir nicht in den Untreuen erscheinen, und Du bist also vielleicht schlecht zufrieden. Bist Du, mein Lieber? Nein, Du erkennst hierin den Punkt auch, der Hohes und Niederes scheidet, sonst hättest Du mir letzthin nicht so ernst zugestanden, daß Du keinen zuverlässigern Freund hättest wie mich – und jetzt so anmutig mit Deiner Freundin über ihr untreues Haupt gescherzt. Diese wenigen Zeilen sind in der Tat recht bezaubernd süß – aber ich hoffe doch, unter Liebenswürdigkeit verstehst Du die Würdigkeit, geliebt zu werden? Worauf bezieht sich aber die Erwähnung: Du glaubst jetzt selbst, was man über diesen Punkt (der Nichttreue nämlich) versichert habe? Geht das mich oder mein ganzes Geschlecht an?

Clemens Brentano an Karoline von Günderode

1802

Gute Nacht! Du lieber Engel! Ach, bist Du es, bist Du es nicht, so öffne alle Adern Deines weißen Leibes, daß das heiße schäumende Blut aus tausend wonnigen Springbrunnen spritze, so will ich Dich sehen und trinken, aus den tausend Quellen trinken, bis ich berauscht bin und Deinen Tod mit jauchzender Raserei beweinen kann, weinen wieder in Dich all Dein Blut und das meine in Tränen, bis sich Dein Herz wiederhebt und Du mir vertraust, weil das meinige in Deinem Puls lebt. – O, wenn Du mich kenntest, Du würdest den Mut verlieren, mich zu lieben, den Du nicht fassen kannst, da Du mich nicht kennst. – Ich weiß so unendlich viel, daß es mir das Herz zersprengt, es zu sagen, aber sprechen ist ein langsames Totmartern, und lägst Du nur eine Nacht in meinen Armen, so solltest Du Dir meine Liebe an Deinen warmen Brüsten ausbrühen, und Du wüßtest alles, was ich weiß, und brauchtest nicht mehr zu erschrecken über alles, was ich sagen darf, weil ich will. Wahrhaftig, liebes Kind, die Tugend ist zart, und man kann nicht mit ihr sprechen, die Jugend soll vom Leben lernen, o Du liebe Jugend, warum darf ich Dich nicht lehren, nicht wahr, Du liebst mich nicht? Ja, das tun die Leute, tue Du es auch, denn Du glaubst wohl auch, was die Leute wissen, ist bös und das Geheime gut. Es mag Dir wohl wunderlich werden bei diesen Worten, denn Du magst allerhand, was man nicht soll, o ihr armen lieben zweibeinigen Engel in der Hölle und Du, Günderödchen im Fräuleinstift, was habe ich euch so lieb, ihr Teufel und ihr Engel, mein Herz ist keine arme Seele. Alles das schreibe ich in einem süßen drehenden Rausch, die Mondnacht und der Frühling haben sich nicht gescheut, vor meinen Augen das süße heilige Liebeswerk zu vollbringen und damit das Bewußtsein solcher Wollust nicht verlorengehe, haben sie das Seufzen ihrer Liebe an dem Echo meines Busens gebrochen, und wie sie sich umarmten, verwandelten sie sich in eine goldne, süße, bittre, wollüstige Schlange, die mich mit den lebendigen, drükkenden, zuckenden Fesseln ihres Leibes umwand. So saß ich am Berge und sah ins weite Tal, das sich wie ein leichter Berg auf mein Herz warf, und da riß ich die Kleider von mir, daß die Umarmung keuscher sei, wie der Blitz schnell und elektrisch, biß mir die goldene Schlange ins Herz und ringelte wie in gewundener Lust an mir herauf, sie vergiftete mich mit göttlichem Leben, und in mir war ein anderes Leben, es zieht mir mit ergebendem Widerstand durch Adern und Mark, und die Schlange zog durch die Wunde nach, und ringelt sich jetzt freudig und liebend um mein Herz, es ist zuviel, was ich habe. Drum beiße ich mir die Adern auf und will Dir es geben, aber Du hättest es tun sollen und saugen müssen. Öffne Deine Adern nicht, Günderödchen, ich will Dir sie aufbeißen. O, ich bin ein arabisches Roß, warum nicht, wenn ich Dich hier hätte und Du solche Hochzeiten feiern sähest neben mir, so sollte Mondnacht und Frühling uns das Echo sein, das ich ihnen war. (Wenn Du mich nicht verstehst, so schreibe mir es, damit ich nicht mehr schreibe.)

Schreibe mir recht vernünftige Briefe, lieber Engel, und wenn Du mich lieben kannst, so tue es, kein Tropfen solchen süßen Weins soll verloren gehn. Ich trinke Deine Gesundheit mit jedem Blick, den ich in den Frühling tue und jeder meiner Gedanken an Dich ist eine Gesundheit, die ich dem Frühling zutrinke. Wenn Du lieb bist, muß ich Dich ja lieben, das ist der Liebe Wesen, mein Wesen und Dein Wesen. Lebe wohl, und habe den Mut, nur darum zu weinen, daß Du nicht bei mir bist im Fleische, sondern nur in Gedanken, denn beide sind eins, und nur im Abendmahl genießen wir den Gott, denn alles Wort muß Fleisch werden, auch das Wort der Liebe.

Clemens Brentano

Ludwig van Beethoven an die »Unsterbliche Geliebte«

Am 6. Juli Morgends

Mein Engel, mein alles, mein Ich – nur einige Worte heute, und zwar mit Bleistift – (mit deinem) erst bis morgen ist meine Wohnung sicher bestimmt, welcher nichtswürdige Zeitverderb in d. g. – warum dieser tiefe Gram, wo die Notwendigkeit spricht – Kann unsre Liebe anders bestehn als durch Aufopferungen, durch nicht alles verlangen, kannst Du es ändern, daß Du nicht ganz mein, ich nicht ganz Dein bin – Ach Gott, blick in die schöne Natur und beruhige Dein Gemüt über das Müßende – die Liebe fordert alles und ganz mit Recht, so ist es mir mit Dir, Dir mit mir – nur vergißt du so leicht, daß ich für mich und für Dich leben muß – wären wir ganz vereinigt, Du würdest dieses Schmerzliche ebensowenig als ich empfinden – meine Reise war schrecklich – ich kam erst morgens 4 Uhr gestern hier an, da es an Pferde mangelte, wählte die Post eine andere Reiseroute, aber welch schrecklicher Weg, auf der vorletzten Station warnte man mich bei Nacht zu fahren, machte mich einen Wald fürchten, aber das reizte mich nur – und ich hatte unrecht, der Wagen mußte bei dem schrecklichen Weg brechen, grundlos, bloßer Landweg, ohne solche Postillione, wie ich hatte, wäre ich liegengeblieben unterwegs – Esterhazy hatte auf dem andern gewöhnlichen Wege hierhin dasselbe Schicksal mit 8 Pferden, was ich mit vier – jedoch hatte ich zum Teil wieder Vergnügen, wie immer, wenn ich was glücklich überstehe. – nun geschwind zum Innern vom Äußern; wir werden uns wohl bald sehen, auch heute kann ich Dir meine Bemerkungen nicht mitteilen, welche ich während dieser Tage über mein Leben machte – wären unsre Herzen immer dicht aneinander, ich machte wohl keine d. g. die Brust ist voll, Dir viel zu sagen – ach – Es gibt Momente, wo ich finde, daß die Sprache noch gar nichts ist – erheitere Dich – bleibe mein treuer, einziger Schatz, mein alles, wie ich Dir. Das übrige müssen die Götter schicken, was für uns sein muß und sein soll.

Dein treuer
Ludwig

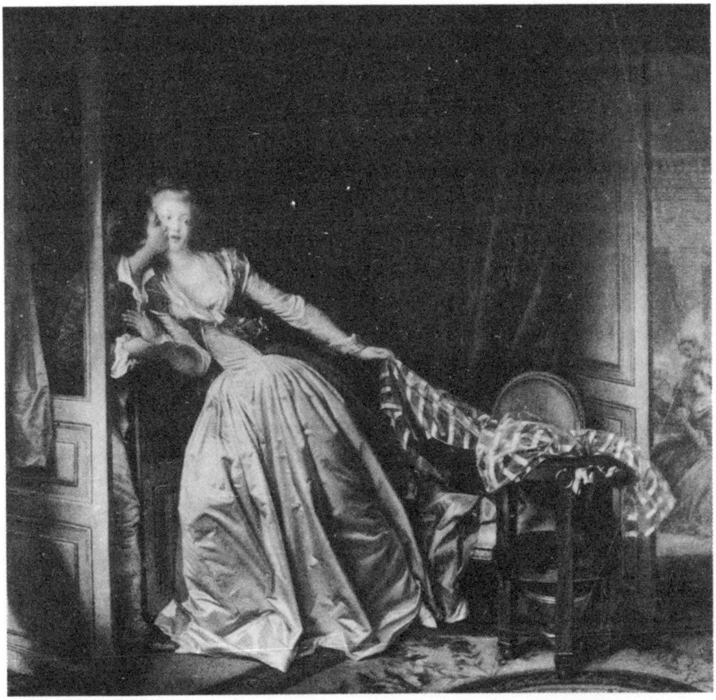

13.
Jean-Honoré Fragonard (1732–1806): »Der Kuß«.

Abends Montags am 6ten Juli

Du leidest, Du mein teuerstes Wesen – eben jetzt nehme ich wahr, daß die Briefe in aller Frühe aufgegeben werden müssen. Montags – Donnerstags – die einzigen Tage, wo die Post von hier nach K. geht – Du leidest – ach, wo ich bin, bist auch Du mit mir, mit mir und Dir werde ich machen, daß ich mit Dir leben kann, welches Leben!!!! so!!!! ohne Dich – verfolgt von der Güte der Menschen hier und da, die ich meine – ebensowenig verdienen zu wollen, als sie zu verdienen – Demut des Menschen gegen den Menschen – sie schmerzt mich – und wenn ich mich im Zusammenhang des Universums betrachte, was bin ich und was ist der – den man den Größten nennt – und doch – ist wieder hierin das Göttliche des Menschen – ich weine wenn ich denke, daß Du erst wahrscheinlich sonnabends die erste Nachricht von mir erhältst – wie du mich auch liebst – stärker liebe ich dich doch – doch nie verberge dich vor mir – gute Nacht – als Badender muß ich schlafen gehen. Ach Gott – so nah! so weit! ist es nicht ein wahres Himmelsgebäude, unsre Liebe – aber auch so fest, wie die Veste des Himmels. –

Guten Morgen am 7. Juli –

Schon im Bette drängen sich die Ideen zu Dir, meine Unsterbliche Geliebte, hier und da freudig, dann wieder traurig, vom Schicksal abwartend, ob es uns erhört – leben kann ich entweder nur ganz mit Dir oder gar nicht, ja ich habe beschlossen in der Ferne so lange herumzuirren, bis ich in Deine Arme fliegen kann und mich ganz heimatlich bei Dir nennen kann, meine Seele von Dir umgeben ins Reich der Geister schicken kann – ja leider muß es sein – Du wirst Dich fassen, um so mehr da Du meine Treue gegen Dich kennst, nie eine andre kann mein Herz besitzen nie – nie – o Gott, warum sich entfernen müssen, was man so liebt, und doch ist mein Leben in V. so wie jetzt ein kümmerliches Leben – Deine Liebe machte mich zum Glücklichsten und zum Unglücklichsten zugleich – in meinen Jahren jetzt bedürfte ich einer Einförmigkeit, Gleichheit des Lebens – kann diese bei unserm Verhältnis bestehen? – Engel, eben erfahre ich, daß die Post alle Tage abgeht – und ich muß daher schließen, damit Du den B. gleich erhältst – sei ruhig, nur durch ruhiges Beschauen unsres Daseins können wir unsern Zweck zusammenzuleben erreichen – sei ruhig – liebe mich – heute – gestern – welche Sehnsucht mit Tränen nach Dir – Dir – Dir – mein Leben – mein Alles – leb wohl – o liebe mich fort – verkenne nie das treuste Herz

Deines Geliebten
L.

ewig Dein
ewig mein
ewig uns

Bettina von Arnim an Johann Wolfgang Goethe

Wartburg, den 1. August, in der Nacht (1809?)

Freund, ich bin allein; alles schläft, und mich hält's wach, daß es kaum ist, wie ich noch mit Dir zusammen war. Vielleicht, Goethe, war dies das höchste Ereignis meines Lebens; vielleicht war es der reichste, der seligste Augenblick; schönere Tage sollen mir nicht kommen, ich würde sie abweisen. Es war freilich ein letzter Kuß, mit dem ich scheiden mußte, da ich glaubte, ich müsse ewig an Deinen Lippen hängen, und wie ich so dahinfuhr duch die Gänge unter den Bäumen, unter denen wir zusammen gegangen waren, da glaubte ich, an jedem Stamme müsse ich mich festhalten, aber sie verschwanden, die grünen, wohlbekannten Räume, sie wichen in die Ferne, die geliebten Auen, und Deine Wohnung war längst hinabgesunken, und die blaue Ferne schien allein mir meines Lebens Rätsel zu bewachen; – doch die mußt' auch noch scheiden, und nun hatt' ich nichts mehr als mein heiß' Verlangen, und meine Tränen flossen diesem Scheiden; ach, da besann ich mich auf alles, wie Du mit mir gewandelt bist in nächtlichen Stunden und hast mir gelächelt, daß ich Dir die Wolkengebilde auslegte, und meine Liebe, meine schönen Träume, und hast mit mir gelauscht dem Geflüster der Blätter im Nachtwind, der Stille der fernen, weitverbreiteten Nacht. – Und hast mich geliebt, das weiß ich; wie Du mich an der Hand führtest durch die Straßen, da hab' ich's an Deinem

Atem empfunden, am Ton Deiner Stimme, an etwas, wie soll ich's Dir bezeichnen, das mich umwehte, daß Du mich aufnahmst in ein inneres geheimes Leben, und hattest Dich in diesem Augenblick mir allein zugewendet und begehrtest nichts als mit mir zu sein; und dies alles, wer wird mir's rauben? – Was ist mir verloren? – Mein Freund, ich habe alles, was ich je genossen. Und wo ich auch hingehe – mein Glück ist meine Heimat.

Wie die Regentropfen rasseln an den kleinen runden Fensterscheiben, und wie der Wind furchtbar tobt! Ich habe schon im Bett gelegen und hatte mich nach der Seite gewendet und wollte einschlafen in Dir, im Denken an Dich. – Was heißt das: im Herrn entschlafen? oft fällt mir dieser Spruch ein, wenn ich so zwischen Schlaf und Wachen fühle, daß ich mit Dir beschäftigt bin; – ich weiß genau, wie das ist: der ganze irdische Tag vergeht dem Liebenden, wie das irdische Leben der Seele vergeht; sie ist, hie und da in Anspruch genommen; und ob sie sich's schon verspricht, sich selber nicht zu umgehen, so hat sie sich am Ende durch das Gewebe der Zeiten durchgearbeitet, immer unter der heimlichen Bedingung, ein Mal nur Rücksprache zu nehmen mit dem Geliebten, aber die Stunden legen im Vorüberschreiten jede ihrer Bitten und Befehle dar; und da ist ein übermächtiger Wille im Menschen, der heißt ihn, allem sich fügen; den läßt er über sich walten, wie das Opfer über sich walten läßt, das da weiß, es wird zum Altar geführt. – Und so entschläft die Seele im Herrn, ermüdet von der ganzen Lebenszeit, die ihr Tyrann war und jetzt den Szepter sinken läßt . . .

Heinrich von Kleist an Adolphine Henriette Vogel

Berlin, nach Michaelis 1810

Mein Jettchen, mein Herzchen, mein Liebes, mein Täubchen, mein Leben, mein liebes, süßes Leben, mein Lebenslicht, mein Alles, mein Hab und Gut, meine Schlösser, Äcker, Wiesen und Weinberge, o Sonne meines Lebens, Sonne, Mond und Sterne, Himmel und Erde, meine Vergangenheit und Zukunft, meine Braut, mein Mädchen, meine liebe Freundin, mein Innerstes, mein Herzblut, meine Eingeweide, mein Augenstern, o, Liebste, wie nenn' ich Dich? Mein Goldkind, meine Perle, mein Edelstein, meine Krone, meine Königin und Kaiserin. Du Liebling meines Herzens, meine Hochzeit, die Taufe meiner Kinder, mein Trauerspiel, mein Nachruhm. Ach, Du bist mein zweites besseres Ich, meine Tugenden, meine Verdienste, meine Hoffnung, die Vergebung meiner Sünden, meine Zukunft und Seligkeit, o Himmelstöchterchen, mein Gotteskind, meine Fürsprecherin und Fürbitterin, mein Schutzengel, mein Cherubin und Seraph, wie lieb' ich Dich!

Clara Clairmont an Lord Byron

(1816)

Die Ihnen gänzlich Fremde nimmt sich die Freiheit, sich an Sie zu wenden. Ich bitte Sie inständigst, verzeihen Sie einen Augenblick die Störung, lassen Sie jede Erwägung, wer und was Sie sind, beiseite und leihen Sie mir ein freundliches Ohr. Ein Augenblick der Leidenschaft oder eine Anwandlung von Stolz vernichtet oft unser Glück und das anderer. Wenn Sie in diesem Falle durch eine Zurückweisung auch nicht selbst berührt werden, so wissen Sie doch nicht, wie sehr sie den anderen Teil kränken dürfte. Es ist nicht Mitleid, um das ich bitte, denn ich bedarf dessen nicht; ich bitte Sie hierdurch, diesen Brief freundlich und gütig entgegenzunehmen. Wenn ich Ihnen allzu dreist vorkomme, so verzeihen Sie mir, bitte, eine kurze Zeit lang und warten Sie geduldig ab, bis ich durch Sie ermutigt werde, mich Ihnen zu entdecken.

Ich zittere aus Furcht über das Schicksal dieses Briefes. Ich kann es Ihnen nicht übelnehmen, wenn Sie ihn als schamlosen Betrug auffassen. Es gibt Fälle, in denen die Tugend sich dazu hergeben muß, die Hülle der Torheit umzunehmen; es ist Sache des durchdringenden Auges des Genies, ihre Verkleidung zu durchschauen; glauben Sie mir daher, ich bin besser, als dieser Brief mich erscheinen lassen könnte. Mein Fall will zart behandelt sein; meine Füße befinden sich am Rande eines Abgrundes; die Hoffnung schwebt mit leichtbeflügelten Schwingen vor mir her und heißt mich ihr folgen, und ehe ich auf dieses liebliche Wesen verzichte, springe ich hinab, und sei es mit Gefahr meines Lebens.

Es mag eine seltsame Behauptung sein, aber sie ist nichtsdestoweniger wahr, daß ich mein Glück in Ihre Hände lege. Ich wünsche, Ihnen eine unbestimmte Andeutung zu machen, ohne mich Ihnen zunächst zu entdekken; es würde ein grausamer Zuwachs zu allem, was ich sonst dulde, sein, wenn ich der Gegenstand Ihrer Verachtung und des Spottes der anderen würde.

Wenn Sie Entrüstung in sich aufsteigen fühlen, wenn Sie sich versucht fühlen, nicht weiterzulesen oder leichten Herzens den Brief ins Feuer zu werfen, den ich mit soviel angstvollem Bangen geschrieben habe, so hemmen Sie Ihre Hand. Meine Torheit mag groß sein, aber der Schöpfer darf sein Geschöpf nicht vernichten. Wenn Sie sich herablassen wollen, die folgende Frage zu beantworten, so werden Sie sich wenigstens durch die Dankbarkeit belohnt fühlen, die ich Ihnen entgegenbringe.

Wenn eine Frau, deren Ruf bisher unbefleckt geblieben ist, wenn sie, ohne irgend jemand, einem Vormund oder Gatten, Rechenschaft schuldig zu sein, sich Ihnen auf Gnade und Ungnade ergibt, wenn sie mit pochendem Herzen Ihnen die Liebe gesteht, die sie schon viele Jahre für Sie empfindet, wenn sie Ihnen Geheimhaltung und Verschwiegenheit zusichert, wenn sie Ihre Güte mit der tiefsten Herzensneigung und unbegrenzter Hingebung vergelten will, könnten Sie sie dann verraten oder würden Sie schweigen wie das Grab?

Ich bin keine Freundin vieler Worte. Entweder Sie wollen, oder Sie wollen nicht. Entschließen Sie sich rasch; ich muß Ihre Antwort ohne Verzug haben, nicht allein, weil es mir unerträglich ist, lange auf die Folter gespannt zu werden, sondern auch, weil ich in der nächsten Zeit eine unaufschiebbare kleine Reise unternehmen muß und ich Ihre Antwort haben möchte, ehe ich sie antrete.

(1816?)

Sie fordern mich auf, kurz an Sie zu schreiben, und ich habe so viel zu sagen. Sie erklärten auch, es sei leere Einbildung, die mir ein näheres Verhältnis zu Ihnen als begehrenswert erscheinen läßt. Es kann keine leere Einbildung sein, denn Sie sind das letzte Jahr hindurch derjenige gewesen, bei dem meine Gedanken in jedem einsamen Augenblick geweilt haben.

Ich erwarte nicht, daß Sie mich lieben; ich bin Ihrer Liebe nicht würdig. Ich fühle Ihre Überlegenheit, sehr zu meiner Verwunderung, mehr zu meinem Glück. Sie zeigen Leidenschaften, deren ich Sie nicht mehr für fähig hielt. Soll auch ich den Mangel an Glück zu meinen traurigen Erfahrungen zählen? Ich mag Ihnen unklug, lasterhaft vorkommen, meine Ansichten mögen Ihnen verwerflich, meine Lebensauffassung verderbt erscheinen, eins jedoch soll die Zeit Sie lehren, daß ich Sie zärtlich und leidenschaftlich liebe, daß ich zu allem unfähig bin, was Ähnlichkeit mit Rachsucht oder Bosheit hat. Ich versichere Sie, in Zukunft soll Ihr Wille der meinige sein, und alles, was Sie tun oder sagen werden, soll meinen Beifall finden.

[. . .] Tun Sie, was Sie wollen, gehen Sie, wohin Sie wollen, lehnen Sie es ab, mich zu sehen, behandeln Sie mich unfreundlich – trotzdem werde ich

Sie nie vergessen. Ich werde mich immer der Vornehmheit Ihrer Umgangsformen und der wilden Originalität Ihrer Gesichtszüge erinnern. Wer Sie einmal gesehen hat, vergißt Sie nie wieder. Vielleicht ist dies das letztemal, das ich mich an Sie wende. Lassen Sie mich Ihnen daher noch einmal sagen, daß ich nicht undankbar bin. Sie haben in allen Stücken höchst ehrenwert gehandelt, und ich bin überzeugt, nur mein linkisches und scheues Benehmen hat mich bis jetzt daran gehindert, es Ihnen persönlich zu sagen.

Clara Clairmont

Fürst Metternich an Dorothea Lieven

Brüssel, den 28. November 1818

Dies ist mein erster Brief an Dich nach London. Du wirst ihn nicht zuerst erhalten, denn ich will Dir noch während Deines Pariser Aufenthalts schreiben; er soll Dich aber gleich nach Deiner Ankunft an dem Ort unseres künftigen Zusammentreffens an den Freund erinnern.

Meine Liebe, wer wie ich fühlt, ist allen Nuancen zugänglich. Begreifst Du, daß ich Dir lieber nach London als nach Paris schreibe? Ich sende Dir das anvertraute Gut, ich las alle meine Briefe, und ich weinte, als ich sie las. Welche Macht ist es doch, die Du über mich ausübst? Welche Gewalt hast Du Dir so schnell erworben? Glaubst Du, ich sei leicht zu erobern? ich ließe mich über etwas täuschen, was doch vor meinen Augen entstanden und geworden ist? Wenn Du dies glaubtest, wäre es ein Irrtum.

[. . .] Binnen einer kurzen Zeit habe ich sehr viel von Dir kennengelernt, von jenem Dir, das ich über mein Leben liebe. Du hast soviel Geist, als man besitzen kann! Du besitzt ein Gemeinsames mit allen guten, starken und über den Rang der ungeheuern Mehrzahl ihres Geschlechtes erhöhten Frauen: das Bedürfnis nach einem Gefühl, das das Leben auszumachen vermag!

Du fühlst in Dir eine Leere, die Du ausfüllen möchtest. Dein Gatte ist gut, anständig; allein er ist nicht, was ein Gatte sein soll: der Herr über die Schicksale seiner Frau. Du gehörst mir ganz, über dies, die erste Grundlage des Glückes, war ich noch niemals so sehr wie bei Dir beruhigt.

Meine Liebe, ich, der ich fast unüberwindliche Schwierigkeiten darin finde, mich für geliebt zu halten, ich bin Deiner so gewiß wie meiner selbst. Nicht ein einziger Zweifel trübt dieses Gefühl; das Gegenteil ist mir noch gar nicht in den Sinn gekommen. Meine gute Dorothea, Du mußt einen Zauber der Aufrichtigkeit mit Dir tragen, dem ich noch nicht begegnet bin; verstehst Du, daß Du mir lieber sein mußt als jemals eine andre? Nun, da nichts meine Beruhigung über diesen für mich wichtigen Punkt erschüttern kann, glaube nicht, ich fürchtete die kurze Trennung. Ich wiederhole es Dir, ich bin Deiner gewiß. Ich weiß Dich zu sehr von meinem eigenen Gefühl erfüllt, um auch nur die Möglichkeit einzuräumen, daß irgendein Wesen die geringste Stelle in Deinem Herzen einnehmen könnte. Allein die Zeit? Niemals wird Dir ein Mann wieder der Freund sein, der ich für Dich bin. Alles, was Du je noch wirst empfinden können, wird nicht mehr das sein, was Du mir gewährst. Ein Verhältnis wie das unsrige gibt es nur einmal im Leben. Und es kommt häufig genug vor, daß einem dergleichen nicht vergönnt ist, und noch häufiger, daß man einander nicht findet. Meine Freundin, es ist schon nichts Gewöhnliches, wenn man einander so angehört wie wir! Ich muß dafür sorgen, Dir immer vor Augen zu sein. Ja, Dir. An mir liegt es, daß Du mich nicht vergißt. Fürchte nicht, daß das von meiner Seite geschehen könnte; um meine eigenen Angelegenheiten habe ich mich nicht im mindesten gekümmert, aber die unsern, die verteidige ich, und von diesem Augenblick an fühle ich mich stark. Gewöhne Dich nur daran, mir täglich ein Wort zu schreiben, und selbst mehr als ein Wort! Den Freund von heute vergißt man schwerer als den von gestern! Ich will dieser Freund von heute sein, heute und alle Tage.

Willst Du mit mir plaudern? Frage Dich, was ich unter irgendwelchen Umständen zu Dir sprechen würde, im verschiedensten Zusammenhang und über alles mögliche: Du wirst es wissen, wenn Du Dich mit Deinen eigenen Gedanken berätst. Siehst Du, meine Liebe, habe ich nicht wirklich Vertrauen zu Dir? Könnte ich Dir einen größeren Beweis geben, als indem ich Dir versichere: wenn Du Dich von mir entfernst, wirst Du Dir selbst fern sein.

Dieser Brief ist trübe, vielleicht gar zu sehr: Mein Gemütszustand hat in ihm seine ausfüllende Spur hinterlassen. Du wirst mich immer so sehen, wie ich bin: meine Gedanken sind (und sollen es immer sein) ganz der einfache Ausdruck meiner augenblicklichen Gefühle. Du sollst immer wissen, was sich an jedem Tage, an dem ich Dir schreibe, in meiner Seele zuträgt, und Du wirst sehen, daß eines in mir immer gleich bleibt: jenes Gefühl, das mein Glück ist, und das zuletzt immer mein ganzes Leben in sich aufsaugt.

14.
»Der Türriegel«, Farbstich von M. Blot nach einem Gemälde von J.-H. Fragonard.

Lord Byron an Teresa Guiccioli

10. Juni 1819

Mein Lieb: ich war im Theater, ohne Dich zu finden, und war sehr bestürzt zu hören, daß Du noch so schwach bist. Dein Mann kam mich in der Loge besuchen und gab mir höfliche Auskunft auf die wenigen Fragen, die ich in diesem Augenblick zu stellen wagte. – Dann erschien Graf Z[innani] und hat mich so dringend aufgefordert, in seine Loge zu kommen, daß ich dem Besuch nicht ausweichen konnte, ohne unhöflich zu sein – und bin tatsächlich einen Augenblick dort gewesen.

Meine süßeste Seele, glaube mir, daß ich allein für Dich lebe – und zweifle nicht an mir. Ich werde hier bleiben, bis ich weiß, was Du wirklich wünschest; und auch, wenn Du es nicht einrichten kannst, mich zu sehen, werde ich nicht fortgehen. Ich flehe Dich an, verfüge über mich, als ganz und ewig Dein. Ich würde all meine Hoffnung in dieser Welt opfern – und alle, die man glaubt, in einer anderen zu finden –, um Dich glücklich zu sehen.

An den Zustand Deiner Gesundheit kann ich nicht ohne Gram und Tränen denken. Ach, mein Gut! Wieviel wir ertragen haben – und wieviel wir noch ertragen müssen! Und Du so jung – so schön – so gut – Du mußtest leiden um meinetwillen – welch ein Gedanke! Ich küsse Dich tausend-, tausend-, tausendmal von ganzer Seele.

P. S. Ich habe Dir heute abend durch P[erelli] ein Billet gesandt, aber der Bote fand ihn erst um Mitternacht. Ich schreibe Dir jetzt nach dem Theater, vor dem Zubettgehen – ich hoffe, Du erhältst sie beide.

15. Juli 1819

Meine Seele: Ich rede von Liebe, und Du antwortest mir über *»Tasso«* – ich schreibe über *Dich,* und Du fragst mich nach *»Eleonora«*. Wenn Du mich noch verrückter machen willst als ihn – versichere ich Dir, daß Du auf dem Weg bist, das zu erreichen. Wirklich, meine Liebe, Deine Erkundigung scheint mir überflüssig zu sein, Du kennst wenigstens teilweise meine Geschichte, und auch ohne das kannst Du Dir vorstellen, daß man, um starke Leidenschaften schildern zu können, sie erfahren haben muß. Einen dieser Tage – (wenn sie *je je* wiederkehren, was ich leider bezweifle), wenn wir allein sind – werde ich es Dir mündlich sagen, ob Deine Mutmaßungen über das Original des Porträts auf Wahrheit beruhen oder nicht.

Wenn Du weißt, was Liebe ist – wenn Du liebst – wenn Du fühlst – wie kannst Du in diesem Augenblick – angesichts der Lage, in der wir uns befinden – an erfundene Dinge denken oder von ihnen sprechen? Haben wir denn nicht schon zu viel *Wirklichkeit?* Ich schwöre Dir, daß diese letzten Tage die unglücklichsten meines Lebens gewesen sind – Liebe – Zweifel – Ungewißheit – die Furcht, Dich zu kompromittieren, wenn ich Dich in der Gegenwart anderer sehe – die Unmöglichkeit, Dich allein zu sehen – die Vorstellung, Dich für immer zu verlieren – wirken zusammen, das bißchen Hoffnung zu vernichten, das mich bis jetzt belebt hat.

Gesellschaft beunruhigt mich – Einsamkeit erschreckt mich. Mein einziger Trost ist, Dich wiederhergestellt zu sehen.

Ich erwarte mit der größten *»Ungeduld«* Deine Antwort auf meine beiden Briefe, was soll ich tun?

Es kommt mir so vor, als ob Dein Vater Dich mit einigem Verdacht betrachtete – und natürlich sieht er mich nicht gerne so nahe bei Dir – und diese Reise des Onkels – mit P. – und die plötzliche Abreise Deiner *Freundin* sind nicht die glücklichsten Vorzeichen für uns – – – Und eben, meine Reise nach R. hat, wie ich es voraussah – statt unser Verstehen wachsen zu lassen – es verringert. O Venedig! – Venedig! *dort* waren wir vereinigt, wenigstens für ein paar Stunden.

P. S. Vergib mir, wenn ich in den ersten Worten dieses Briefs zu *englisch* geantwortet habe – aber ich bin nicht nach Italien gekommen, um über mich selbst und mein Tun zu sprechen – sondern vielmehr, um mein Leben *jenseits der Berge* zu vergessen – und vor allem, um Dich zu lieben – *Dich* – meine einzige und letzte Wonne. – Das ist der Grund, weshalb ich ungeduldig war, Deine Frage zu beantworten, ob E. die etc. etc.

Mitternacht . . .

Die Stunde der Ruhe für mich, bevor ich Sie kannte.

Laß mich abreisen – es ist besser, aus Schmerz über die Trennung zu sterben – als über den des Verrats. Mein Leben ist jetzt eine unaufhörliche Pein – ich habe ein einziges und letztes Glück in Deinen Armen genossen – aber – o Gott! – wieviel diese Augenblicke mich kosten! – und *diese, das!* Nun schreibe ich an Dich – allein – ganz allein. Ich hatte nur Dich auf der Welt – und jetzt, da ich Dich nicht mehr habe (ohne das Herz, was ist der übrige?), ist mir die Einsamkeit so lästig wie die Gesellschaft – denn dieses Bild, das ich mir so rein, so lieb vorgestellt habe – ist nichts anderes als ein perfider und drohender Schatten – und doch immer der *Deine.*

25. November 1819

Du bist und wirst immer mein erster Gedanke sein. Aber gerade jetzt bin ich in schrecklichstem Zustande; denn ich weiß nicht, wie ich mich entscheiden soll. Einerseits fürchte ich, Dich auf ewig durch die Rückkehr nach Ravenna und die Folgen dieses Schrittes zu kompromittieren, anderseits fürchte ich, Dich und mich zu verlieren, und, wenn ich Dich nie wiedersehen soll, verliere ich alles, was ich vom Glück je kannte oder kostete. Ich bitte, ich beschwöre Dich, fasse Mut und glaube, daß nur mit meinem Leben meine Liebe zu Dir aufhören kann.

*

Ich reise, um Dich zu retten und verlasse ein ohne Dich mir unerträgliches Land. Deine Briefe an F[anni] und an mich verkennen meine Gründe – aber Du wirst noch einmal Deine Ungerechtigkeit einsehen. Nicht genug, daß ich dich – aus Gründen, die Dich bald genug überzeugen werden – verlassen muß, nicht genug, daß ich mit schwerverwundetem Herzen aus Italien fliehen muß, nachdem all meine Tage seit Deiner Abreise in Einsamkeit verstrichen, daß ich krank an Körper und Seele bin – ich muß auch noch Deine Vorwürfe ertragen, ohne antworten zu können und ohne sie zu verdienen. Lebewohl! Dies eine Wort umschließt den Tod meines Glückes.

undatiert

F[anni] wird Dir in ihrer gewohnten Erhabenheit schon gesagt haben, daß die Liebe den Sieg davongetragen hat. Ich konnte mich nicht aufraffen, das Land zu verlassen, in dem Du lebst, ohne Dich wenigstens noch einmal zu sehen. Von Dir selbst wird es vielleicht abhängen, ob ich Dich je wieder verlassen werde. Das übrige besprechen wir bei unserem Zusammentreffen. Du solltest indessen erkannt haben, ob meine Gegenwart oder Abwesenheit Deinem Wohlbefinden günstiger ist. Was mich betrifft, so bin ich ein Weltbürger, mir sind alle Länder gleich. Seit unserer ersten Bekanntschaft warst Du stets der einzige Gegenstand meiner Gedanken. Meiner Ansicht nach wäre mein bestes Verhalten gewesen, wenn ich um Deines und Deiner ganzen Familie Frieden willen abgereist und weit, weit fort von Dir gegangen wäre. Denn in der Nähe zu bleiben und Dir nicht nahe zu kommen, wäre mir unmöglich gewesen. Nun hast Du es beschlossen, daß ich nach Ravenna zurückkehren soll. Ich werde also zurückkehren – und werde tun und sein, was Du irgend wünschst. Mehr kann ich nicht sagen.

John Keats an Fanny Brawne

Wetworth Place, März 1820

Süßeste Fanny,
Du fürchtest manchmal, daß ich Dich nicht so sehr liebe wie Du es wünschst? Mein liebes Mädchen, ich liebe Dich für immer und ewig und ohne Rücksicht. Je mehr ich Dich kennenlernte, desto mehr liebte ich Dich. Auf jede Weise – selbst meine Eifersuchtsanfälle waren Verzückungen der Liebe, während des heftigsten Anfalls, den ich je hatte, wäre ich für Dich gestorben. Ich habe Dich zu sehr gequält. Aber aus Liebe! Kann ich etwas dafür? Du bist immer neu. Der letzte Deiner Küsse war immer der süßeste; das letzte Lächeln das freundlichste; die letzte Bewegung die graziöseste. Als Du auf Deinem Heimweg gestern an meinem Fenster vorbeigingst, war ich mit so viel Bewunderung erfüllt, als ob ich Dich zum ersten Mal gesehen hätte. Einmal beklagtest Du Dich halb darüber, daß ich nur Deine Schönheit liebe. Habe ich also sonst nichts an Dir zu lieben außer ihr? Sehe ich nicht ein Herz, das von Natur beschwingt ist, sich mit mir einkerkern? Keine trübe Aussicht war imstande, Deine Gedanken einen Augenblick von mir abzulenken. Das sollte ebensosehr Gegenstand der Trauer wie der Freude sein – aber ich will davon nicht sprechen. Selbst wenn Du mich nicht liebtest, könnte ich mich nicht erwehren, Dir völlig zugetan zu sein: um wieviel tiefer muß ich für Dich empfinden, da ich weiß, daß Du mich liebst. Meine Seele ist die unzufriedenste und unruhigste, die jemals in einen Körper gelegt wurde, der ihr zu klein ist. Meine Gefühle ruhten niemals auf irgend etwas mit völliger und ungehemmter Freude – auf keinem Menschen wie auf Dir. Wenn Du im Zimmer bist, fliegen meine Gedanken nie aus dem Fenster: Du konzentrierst meine gesamten Sinne immer auf Dich. Die Angst, die Du in Deinem letzten Brief um unsere Liebe bekundest, ist für mich ein ungeheures Vergnügen: aber Du darfst nicht dulden, daß Dich derlei Gedanken noch weiter belästigen: noch will ich jemals wieder glauben, daß Du den geringsten Groll gegen mich hegst. Brown ist ausgegangen – aber da ist Mrs. Wylie – wenn sie gegangen ist, werde ich für Dich wach sein. – Empfehlungen an Deine Mutter.

Dein Dir zugetaner
J. Keats

15.
»Der Abendspaziergang«. Kupferstich von Ingouf d. J. nach einem Gemälde von Sigmund Freudeberg (1745–1801).

Kentish Town, Mai 1820

Mein liebstes Mädchen,
Ich schrieb gestern einen Brief für Dich in der Erwartung, Deine Mutter zu sehen. Ich will egoistisch genug sein, ihn zu senden, obwohl ich weiß, daß er Dich ein wenig schmerzen wird, denn ich möchte Dich wissen lassen, wie unglücklich ich aus Liebe zu Dir bin, und Dich so viel ich kann zu bewegen trachten, daß Du Dein ganzes Herz mir gibst, dessen ganze Existenz an Dir hängt. Du könntest keinen Schritt tun oder kein Augenlid bewegen, ohne daß es mir zu Herzen ginge – mich hungert nach Dir. Denk an nichts, außer an mich. Lebe nicht, als ob ich nicht existierte. Vergiß mich nicht – Aber habe ich ein Recht zu sagen, Du vergißt mich? Vielleicht denkst Du den ganzen Tag an mich. Habe ich ein Recht zu wünschen, daß Du um meinetwillen unglücklich bist? – Du würdest mir diesen Wunsch verzeihen, wenn Du wüßtest, wie leidenschaftlich ich wünsche, daß Du mich liebst. – Habe ich ein Recht zu wünschen, daß Du mich liebst wie ich Dich, daß Du an niemand anderen denkst als an mich? Habe ich gar ein Recht, diesen Wunsch niederzuschreiben? Gestern und heute morgen wurde ich von einer lieblichen Vision verfolgt – ich habe Dich die ganze Zeit in Deinem Schäferin-Kostüm gesehen. Wie meine Sinne darob schmerzten! Wie mein Herz Dir ergeben war! In der Tat, ich glaube, eine wirkliche Liebe ist genug, um das weiteste Herz auszufüllen. Daß Du allein in der Stadt warst, hat mich sehr erschreckt, als ich es erfuhr – doch ich habe es erwartet – *versprich mir, daß Du es für einige Zeit nicht mehr tun willst, bis es mir besser geht.* Versprich mir dies und fülle das Papier mit den liebkosendsten Namen. Wenn Du dies nicht freiwillig tun kannst, sag mir's, Liebste – sag was Du denkst – gesteh mir's, wenn Dein Herz zu sehr an der Welt hängt. Vielleicht wird es mir dann möglich sein, Dich aus einer größeren Entfernung zu sehen, und nicht möglich, Dich so eng mir selbst nahezubringen. Wenn Du einen Lieblingsvogel aus dem Käfig lassen müßtest, wie würden Deine Augen ihm schmerzlich nachsehen, solange er noch in Sicht ist. Wenn er nicht mehr zu sehen wäre, würdest Du Dich ein wenig erholen. Vielleicht könnte ich glücklicher sein, indem ich dann weniger gequält wäre, wenn Du mir geständest, wieviel Du außer mir benötigst, sofern dies der Fall ist. Wohl magst Du ausrufen: Wie egoistisch, wie grausam, mich meine Jugend nicht genießen zu lassen, mich unglücklich zu wünschen! Du mußt es sein, wenn Du mich liebst. Bei meiner Seele, ich kann mit sonst nichts zufrieden sein. Wenn Du Dich wirklich – was man so nennt – unterhalten könntest bei einer Gesellschaft,

wenn Du den Leuten zulächeln und *jetzt* wünschen kannst, daß sie Dich bewundern, dann hast Du mich niemals geliebt, noch wirst Du mich jemals lieben. Ich sehe das *Leben* nur in der Gewißheit Deiner Liebe – überzeuge mich davon, Süßeste. Wenn ich nicht auf irgendeine Weise davon überzeugt werde, sterbe ich an den Qualen. Wenn wir lieben, dürfen wir nicht wie andere Männer und Frauen leben – ich kann das Giftkraut der Mode nicht genießen, mich nicht begeistern für Faxereien und Geschwätz. Du mußt mein sein, um auf der Folterbank zu sterben, wenn ich es verlange. Ich will nicht sagen, daß ich mehr Gefühl habe als meine Mitmenschen, aber ich wünsche von Dir ernsthaft, daß Du meine Briefe, die freundlichen und unfreundlichen, durchsiehst und bedenkst, ob der Mensch, der sie geschrieben, imstande sein kann, die Qualen und Ungewißheiten noch länger zu ertragen, die zu erregen Du so merkwürdig geschaffen bist. Die Wiederherstellung meiner körperlichen Gesundheit wird für mich keine Wohltat sein, wenn Du nicht mein bist, sobald ich wieder gesund bin. Um Gottes willen rette mich – oder sag mir, daß meine Leidenschaft Dir zu furchtbarer Natur ist. Nochmals: Gott segne Dich.

J. K.

Nein – meine süße Fanny – ich habe unrecht – ich wünsche nicht, daß Du unglücklich bist – und doch tue ich es, muß es, solange es eine so liebliche Schönheit gibt – meine Lieblichste, mein Liebling! Leb wohl! Ich küsse Dich – o die Qualen!

Victor Hugo an Adèle Foucher

Freitag, 21. Dezember 1821

Adèle, eine unerträgliche Vorstellung sucht mich immer wieder heim, seitdem ich Dich das letzte Mal vor vier Tagen sah.

Du lieber Himmel! Stell Dir vor, daß unsere Heirat Dich jemals in Dein Unglück stürzen würde . . . Adèle, begreifst Du das Ausmaß meiner Eifersucht? Hast Du gründlich die Anforderungen erwogen, die an Dich gestellt werden, und meine Erregbarkeit in Betracht gezogen, bevor Du beschlossen hast, mir die Hand zum Bund fürs Leben zu reichen? Ich weiß nicht, wie ich Dir schildern soll, was in mir vorging, als mir Deine Mutter neulich sagte, daß Du einem mir unbekannten Mann den Arm reichtest. Die Vorstellung, daß Du diese – in meinen Augen große – Gunst einem Fremden gewährt hast, daß Du mir das Vorrecht, das ich für mich ganz allein in Anspruch nehme, Dir in die Nähe zu kommen, jederzeit entziehen könntest – dieses Vorrecht, das so harmlos und für mich eine wahre Wonne ist – dieser Gedanke überkam mich plötzlich. Ich habe den Eindruck, daß Du oft nicht einmal merkst, wie sehr Du mich quälst. Adèle, diese Qual und die Erkenntnis, daß es notwendig sei, Selbstbeherrschung zu üben, haben mich in einen Zustand versetzt, den ich schwerlich beschreiben kann.

Ich habe mich ernsthaft geprüft und bin zu der Überzeugung gekommen, daß ich der allgemein vertretenen Meinung, Eifersucht sei lächerlich, nicht beipflichten kann. Ich habe mich selbst gefragt, ob ich mir Vorwürfe machen sollte, und nicht nur gelang es mir nicht, meine Eifersucht zu verdammen, sondern ich gewann die Überzeugung, daß sie ein Teil der innigen, reinen Liebe ist, die ich für Dich im Herzen hege, die in Dir zu erwekken ich aber nicht fähig zu sein scheine.

Meine geliebte Adèle, wenn Du diese glühende Liebe nicht empfindest, so bist Du von Natur aus dafür bestimmt, sie zu verstehen. Aus diesem Grund bin ich überzeugt, daß Du Dich über die Ursache meiner Seelenqual nicht lustig machen wirst. Ach, wie glücklich wäre ich, wenn ich in dem gleichen Maße von Dir geliebt würde, wie ich Dich liebe!

Du merkst wohl, daß ich Dir grenzenloses Vertrauen entgegenbringe und Dir die tiefsten Geheimnisse meiner Seele enthülle. Wärst Du ein gewöhnlicher Mensch, so könnte ich befürchten, daß meine Eifersucht Dir als Schwäche erscheinen würde. Aber bei Dir habe ich derartige Befürchtungen nicht. Das, was mein höchstes Glück ausmacht, kann für mich nicht belanglos sein, und Du wirst nicht darüber erstaunt sein, daß es für mich unmöglich ist, über diese Angelegenheit mit Leuten zu sprechen, die dem Vorfall keine große Bedeutung beimessen.

Unter gewöhnlichen Umständen ist Eifersucht ein Anzeichen des Mißtrauens gegen die Person, die sie auslöst, und gleichzeitig entwürdigend für den, der sich von ihr erfassen läßt. Meine Liebe, ich möchte Dir gegenüber nicht ungerecht sein und Dir unterstellen, daß Du die Zärtlichkeit, die eine glühende Liebe aufdrängt, mit der Roheit einer niedrigen Gesinnung verwechselst. Ich gebe zu, meine Eifersucht mag übertrieben sein, aber ich habe hohe Achtung vor Dir. Ich glaube, daß sie mir zur Ehre gereicht, weil sie ein Beweis für die Stärke meiner Zuneigung ist. Wenn meine Frau mir durch ihr leichtfertiges Verhalten je Anlaß zur Eifersucht gäbe, würde ich sterben, aber sie nicht einmal für einen einzigen Augenblick verdächtigen.

Ich habe Dir in aller Ausführlichkeit meinen Standpunkt erläutert, weil die Angelegenheit für mich sehr wichtig ist. Die Eifersucht, von der ich erfaßt bin, liebe Adèle, sollte für Dich ein Grund zur Freude sein. Wenn sie Dich erschreckt, liebst Du mich nicht. Wäre es Dir vollkommen gleichgültig, wenn Du mir Arm in Arm mit einem jungen Mädchen oder einer Frau begegnen würdest? Denk darüber nach, denn wenn es wirklich etwas wäre, das Dich nicht kümmert, so bin ich verloren – Du liebst mich nicht! Das sind meine unveränderlichen Gefühle. Liebe, die keine Eifersucht kennt, ist weder echt noch rein. Sei dessen sicher, daß ein Mann, der auf eine Frau nicht eifersüchtig ist, in alle Frauen dieser Welt verliebt ist. Meine liebe, meine angebetete Adèle, Du hast mir einst gesagt, daß Du mich liebst, und bevor Du mich von dem Gegenteil überzeugst, bin ich geneigt, Dir zu glauben; ich werde mich an diese wunderbare Überzeugung klammern, die der einzige Glaube ist, der mich am Leben hält.

Adieu. Nur die unermeßliche Liebe zu Dir hat mich dazu bewegt, Dir diese Seiten zu schreiben. Bis morgen.

Sonntag, 23. Dezember 1821

Adèle, was für einen Brief hast Du mir geschrieben! Dadurch, daß Du ihn abgesandt hast, scheinst Du die Wirkung übersehen zu haben, die er auf mich ausüben könnte. Die Angst, Dich durch die Qualen, die Du mir verursacht hast, unglücklich zu machen, würde mich davon abhalten, Dir zu antworten, wenn es nicht lebenswichtig wäre, Dir meine Liebe nochmals zu beteuern und dadurch sowohl Dich als auch mich zu beruhigen. Überdies, wie könnte ich meine Zeit besser anwenden, als indem ich Dir schreibe? Könnte ich mich eines größeren Vergnügens oder einer wichtigeren Pflicht widmen?

Weißt Du, Adèle, daß einige Worte in Deinem Brief mich vollkommen verwirrt haben, und daß ich mein Leben dafür geben würde, um eine unmittelbare Erklärung zu erhalten? Was geht in Deinem Sinn vor, wenn Du diesen unerträglichen Satz schreibst, daß *Du nicht von untadeligem Ruf warst und der Vorwurf berechtigt war?* Sprich, oh sprich nun! Offenbare Deine geheimsten Gedanken demjenigen, der sein Leben dafür gäbe, um Dir einen einzigen Augenblick der Freude, des Vergnügens zu bereiten. Verheimliche mir nicht die Wahrheit, gleichgültig, wie sie aussehen mag; Du weißt, daß ich nie etwas vor Dir geheimgehalten habe. Hör zu, ich bin bereit, Dir ein Beispiel für das unbegrenzte Vertrauen zu geben, das ich Dir entgegenbringe; ich werde Dir sagen, welchen furchtbaren Verdacht, welche unerträgliche Vorstellung dieser grausame Satz in mir hervorgerufen hat. Antworte mir, meine Adèle, meine geliebte, meine angebetete Adèle, antworte mir, als ob Du Gott antworten würdest! Hab Erbarmen mit mir, wenn irgendein Dämon der Eifersucht mich – zu meinem Glück – irregeleitet hat. Bedenke, daß ich die ganze Nacht mich hin und her gewälzt habe, von quälender Schlaflosigkeit geplagt, mich zum einen selbst angeklagt habe, Dich so leichtfertig verdächtigt und dadurch beleidigt zu haben, daß zum andern mein Mißtrauen immer größer wurde und die Zärtlichkeit, die ich für Dich empfand, ins Unermeßliche wuchs. Sprich zu mir in der Offenheit und Ehrlichkeit, die die unerbittliche Wahrheit Deiner schönen Seele ist. Antworte mir, ja oder nein, andernfalls werde ich sterben: *Hast Du je einen anderen Mann außer mir geliebt?*

Oh, meine Adèle, wenn Du diesen Satz liest, wirst Du Deine Empörung nicht bezähmen können, wenn Du in Deiner Ehrlichkeit und Deinem Zorn *nein* antwortest. Mit welcher Freude, welchem unaussprechlichen Entzücken werde ich dann den Boden unter Deinen Füßen küssen in der Erkenntnis meiner eigenen Gefühllosigkeit und Schuldhaftigkeit, da ich, wenn auch nur für einen Augenblick, einen Deiner Briefe derart mißverstanden und Verdacht gegen Dich geschöpft habe, die Du das Wesen bist, das ich verehre, bewundere, am meisten auf der Welt schätze. Oh sag mir, meine Adèle, ist es wahr, oder ist es nicht wahr, daß Du nie einen anderen Mann außer mir geliebt hast?

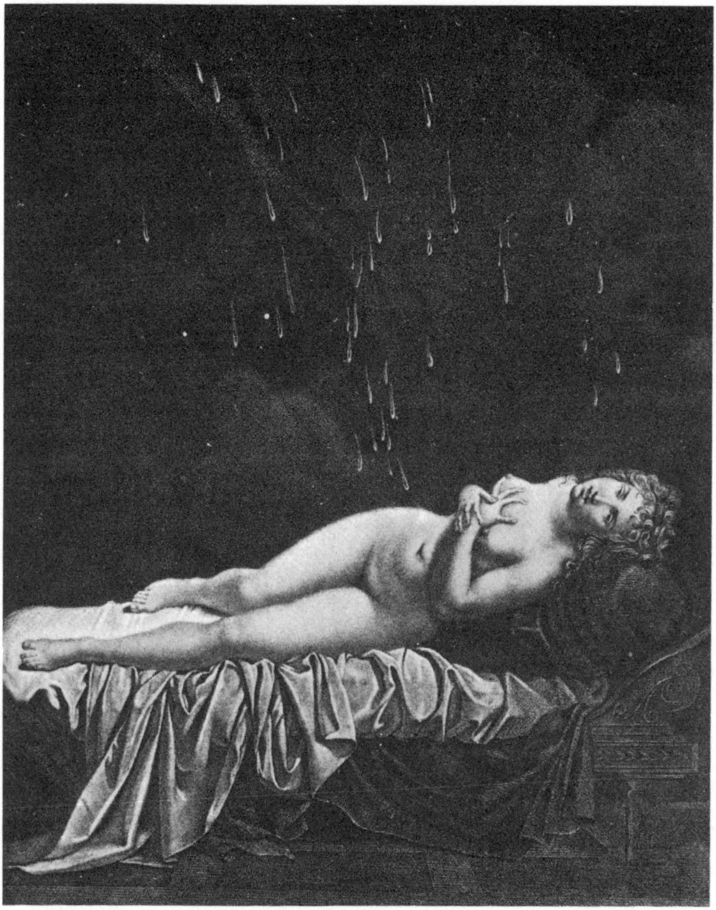

16.
»Danae«. Kupferstich von Chaponnier
nach einem Gemälde von Henri Regnault (1843–1871).

Gott möge mein Zeuge sein, daß Du seit meiner Kindheit mein einziger Gedanke gewesen bist. Soweit ich zurückdenken kann, sehe ich nur Dich vor Augen. Wenn Du abwesend oder anwesend warst – ich habe Dich immer geliebt; und das ist der Grund, weshalb ich seit dem ersten Augenblick Dir eine hohe Verehrung entgegengebracht, Dich keusch geliebt und allen Versuchungen und Verführungen widerstanden habe, denen mein Körper in meinem Alter oft ausgesetzt ist.

Wenn ich über all dies nachdenke, Adèle, und mir all die keuschen und engelhaften Eigenschaften Deines Wesens vor Augen führe, wird mir bewußt, daß meine Angst und Unruhe nur Schreckgespenster sind. Dennoch habe ich Dich davon unterrichtet, weil Du all meiner Gefühle teilhaftig werden sollst; und wenn ich meine eigene Schwäche eingestehen muß, bitte ich Dich, so liebenswürdig zu sein, mir nochmals Deine Liebe zu beteuern und meine Frage zu beantworten.

Alexander Puschkin an Natalja Nikolajewna Gontscharowa

Moskau, im März 1830

Heute jährt sich der Tag, an dem ich Sie zum erstenmal sah; dieser Tag ... in meinem Leben ...

Je mehr ich nachdenke, desto stärker überzeuge ich mich, daß meine Existenz nicht von der Ihrigen getrennt sein kann; ich bin dazu geschaffen, Sie zu lieben und Ihnen zu folgen; alle meine anderen Sorgen sind nur Verirrung und Wahnsinn. Fern von Ihnen verfolgt mich unabweislich das Bedauern um das Glück, das ich zu genießen versäume. Früher oder später werde ich jedoch gezwungen sein, alles zu verlassen und mich Ihnen zu Füßen zu werfen. Einzig der Gedanke an den Tag, an dem es mir gelingt, ein Stückchen Land in ... zu erwerben, lächelt mir und belebt mich in der schweren Betrübnis. Dort werde ich um Ihr Haus herumirren, Ihnen begegnen und folgen dürfen ...

Alexander Puschkin an Natalja Nikolajewna Puschkina

Boldino, 30. Oktober 1833

Gestern, meine Freundin, erhielt ich zwei Briefe von Dir, ich danke Dir, aber ich muß Dich ein wenig ausschelten. Du scheinst es mit dem Kokettieren recht arg zu treiben. Sieh Dich vor, nicht umsonst ist die Koketterie nicht mehr Mode und gilt als Zeichen des mauvais ton. Sie hat wenig Sinn. Du freust Dich, daß Dir die Hunde wie einer Hündin nachlaufen, den Schwanz nach oben und an Deinem ... schnuppern. Ein Grund, sich zu freuen! Nicht nur für Dich, sondern auch für Praskowja Petrowna wäre es eine Leichtigkeit, die ledigen Windhunde hinter sich herlaufen zu lassen. Man braucht ihnen nur zu verstehen zu geben, daß man Lust hat ... Das ist das ganze Geheimnis der Koketterie. Wenn nur ein Trog da ist, die Schweine kommen schon. Wozu brauchst Du Besuche von Männern zu empfangen, die Dir den Hof machen? Du weißt nicht, an wen Du gerätst. Lies A. Ismailows Fabel von Foma und Kuschma. Foma bewirtete Kuschma mit Kaviar und Heringen. Kuschma verlangte zu trinken, aber Foma gab ihm nichts: da verprügelte Kuschma Foma wie eine Kanaille. Daraus zieht der Dichter folgenden moralischen Schluß: »Ihr Schönen! Gebt den Männern keine Heringe, wenn ihr ihnen nichts zu trinken geben wollt, ihr könntet leicht an einen Kuschma geraten.« Siehst Du? Ich bitte, daß bei mir keine akademischen Frühstücke veranstaltet werden. Und nun, mein Engel, küsse ich Dich, als wenn nichts geschehen wäre, und danke Dir dafür, daß Du mir Dein ganzes liederliches Leben so ausführlich und aufrichtig beschreibst. Amüsier Dich, Frauchen, aber treib's nicht zu toll und vergiß mich nicht. Ich halte es kaum noch aus, ich möchte Dich à la Ninon frisiert sehen. Du mußt wundervoll reizend sein. Wie kommt es, daß Du nicht schon früher an diese alte Hure gedacht und ihre Frisur nachgeahmt hast? Schreib mir von Deinem Auftreten auf den Bällen, welche, wie Du schreibst, schon begonnen haben. – Und, mein Engel, kokettier bitte nicht. Ich bin nicht eifersüchtig und ich weiß, daß Du Dich nicht auf Tollheiten einlassen wirst; aber Du weißt, wie wenig ich alles liebe, was nach einem Moskauer Fräulein schmeckt, alles was nicht comme il faut, alles was vulgär ist. Wenn ich bei meiner Rückkehr finde, daß Dein lieber, einfacher, aristokratischer Ton sich geändert hat, lasse ich mich von Dir scheiden, ich schwör es Dir bei Christus, und gehe vor Kummer zu den Soldaten ...

Honoré de Balzac an Eva Hanska

Paris, Ende August 1833

Mein süßes reines Lieb, ich werde in wenigen Tagen in Neuchâtel sein! Ich hatte schon beschlossen, im September hinzugehen; doch nun bietet sich mir der herrlichste Vorwand. Denn ich muß vom 20. bis zum 25., vielleicht noch früher, nach Besançon gehen und dann . . . Sie verstehen: ich kann, eh man sich's versieht, in Neuchâtel sein. Ich werde Sie von meiner Abreise durch ein paar Worte verständigen. [. . .]

Oh, mein geliebter Engel, in diesem Augenblick lesen Sie, wie ich hoffe, den zweiten Band des *Landarztes* und finden auf jeder Seite einen Namen, den ich voll Liebe niederschrieb. Es war mir ein solcher Genuß, mich mit Ihnen zu beschäftigen, zu Ihnen zu sprechen! Seien Sie nicht traurig, mein guter Engel; ich will versuchen, Sie ganz mit meinen Gedanken zu umgeben. Ich möchte, daß meine Gedanken Sie wie ein Bollwerk gegen Kummer und Sorgen schützen. Leben Sie für mich, liebes, stolzes Herz, und ich werde für Sie leben, weil mich das glücklich macht. Ja, ich werde, nachdem ich Sie in Neuchâtel gesehen habe, nach Genf gehen und dort vierzehn Tage arbeiten. Oh, meine liebe, innig geliebte Evelina, tausend Dank für das Geschenk Ihrer Liebe. Sie wissen nicht, mit welcher Treue ich Sie, meine Unbekannte, liebe, deren Seele ich doch kenne, und wissen nicht, mit welcher Glückseligkeit ich Sie erträume! Oh, könnte ich doch jedes Jahr so eine süße Wallfahrt machen, und sollte ich auch nur einen Blick erhaschen, mit welchem Glück ohne Grenzen ginge ich ihn suchen! Warum ärgern Sie sich über eine Frau von achtundfünfzig Jahren, die meine Mutter ist, die mich in ihrem Herzen trägt und mich vor allem, was mich verletzen könnte, schützt? Seien Sie nicht eifersüchtig auf sie; sie wäre über unser Glück so glücklich. Sie ist ein erhabener Engel. Es gibt Engel, die von der Erde sind, und Engel, die vom Himmel sind; sie ist vom Himmel!

Ich habe dieselbe Verachtung für das Geld wie Sie. Aber Geld muß man haben, und deshalb betreibe ich mit solchem Feuereifer das gewaltige und außergewöhnliche Unternehmen, das im Januar zum Austrag kommt. Sie werden sich über sein Gelingen freuen. Denn ihm werde ich die Möglichkeit verdanken, jederzeit zu meinem Vergnügen schnell reisen und öfter zu Ihnen kommen zu können.

Una fides! Ja, mein geliebter Engel, eine einzige Liebe, und die gehört ganz Ihnen. Recht spät für einen jungen Mann, der schon graue Haare bekommt; aber er hat ein Herz voll Leidenschaft, er ist gerade so, wie Sie ihn wünschen, naiv, kindlich und vertrauend; ich gehe zu Ihnen ohne jede Furcht; ja ich werde die Schüchternheit, die mich so jung bleiben ließ, abwerfen und Ihnen als alter Freund, dessen Kopf und Herz ganz von Ihnen erfüllt ist, die Hand reichen.

Freuen Sie sich also, mein angebeteter Liebling; Ihr Name umfaßt mein ganzes Leben. Für Sie würde ich alles erdulden!

George Sand an Alfred de Musset

15. April 1834

[. . .] Glaube nicht, glaube nicht, Alfred, daß ich bei dem Gedanken, Dein Herz verloren zu haben, jemals glücklich sein könnte. Ob ich Deine Mätresse gewesen wäre oder Deine Mutter, ist unwichtig. Ob ich Dich durch Liebe oder durch Freundschaft inspiriert haben werde; ob ich mit Dir glücklich oder unglücklich gewesen sein werde; all das ändert nichts an meinem gegenwärtigen Seelenzustand. *Ich weiß, daß ich Dich liebe und das ist alles.*

Über Dir wachen, Dich vor allem Bösen bewahren, vor allem Widerwärtigen, Dich zerstreuen und vergnügen, das muß ich und das fehlt mir, seit Du mir fern bist. Warum ist diese so süße Aufgabe, die ich mit großer Freude erfüllt hätte, nach und nach so bitter und mit einemmal undurchführbar geworden? Welches Verhängnis hat die Medizin, die ich Dir reichte, in Gift verwandelt? Warum bin ich, die all ihr Blut hingegeben hätte, um Dir eine Nacht der Ruhe und des Friedens zu schenken, für Dich eine Qual geworden, eine Geißel, ein Schreckbild? Wenn diese schrecklichen Erinnerungen über mich kommen (und wann verschonen sie mich schon!), werde ich fast verrückt. Ich weine in mein Kissen. In der Stille der Nacht höre ich den Anruf Deiner Stimme. Wer wird mich nun rufen? Für wen werde ich meine Nächte durchwachen? Wozu kann ich die Kraft verwenden, die ich für Dich bewahrt habe und die sich jetzt gegen mich richtet? Oh, mein Kind, mein Kind! Wie sehr bedarf ich Deiner Zärtlichkeit und Deines Verzeihens. Sprich nicht von mir, sag mir niemals, daß Du mir gegenüber schuldig geworden bist. Was weiß ich davon? Ich erinnere mich an nichts mehr, nur, daß wir sehr unglücklich waren und uns getrennt haben. Aber ich weiß es, ich fühle es, daß wir uns das ganze Leben lang mit Herz und Verstand lieben werden, daß wir versuchen werden, einander durch eine heilige Liebe von dem Schmerz zu befreien, den wir, einer für den anderen, erlitten haben.

Leider nein! Es war nicht unsere Schuld. Wir folgten unserem Schicksal, und unsere Charaktere, ausgeprägter, heftiger als die anderer Menschen, machten uns das Leben gewöhnlicher Liebender unmöglich. Aber wir sind geboren, um uns zu erkennen und zu lieben, sei dessen sicher. Wenn Du nicht jung wärst und mich eines Tages Deine Tränen gerührt hätten, wären wir Bruder und Schwester geblieben. Wir wußten, daß uns dies bestimmt war. Wir hatten uns die Leiden vorausgesagt, die uns begegnet sind. Nun ja, was liegt daran, nach allem? Wir sind einen beschwerlichen Weg gegangen, aber wir haben den Gipfel erreicht, auf dem wir gemeinsam rasten sollten. Wir waren Liebende, wir kennen uns bis auf den Grund unserer Seele. Um so besser. Welche Entdeckung haben wir an uns gemacht, die uns einander verleiden konnte? Oh! Weh uns, wenn wir uns an einem Tag des Zorns trennen sollten, ohne uns zu begreifen, ohne uns verständlich zu machen. Dann wäre unser ganzes Leben wie von einem häßlichen Gedanken vergiftet; so als ob wir nie an etwas hätten glauben können. Aber könnten wir uns jemals so trennen? Haben wir es nicht mehrfach vergeblich versucht? Brachen unsere in Hochmut und Ressentiment entflammten Herzen nicht jedesmal vor Schmerz und Reue, wenn wir einsam waren? Nein, das konnte nicht sein. Wir müssen vereint bleiben für die Ewigkeit und auf unmöglich gewordene Beziehungen verzichten. Du hast recht, unsere Umarmung war Inzest, aber wir wußten es nicht. Unschuldig und arglos warfen wir uns einander an die Brust. Haben wir überhaupt eine einzige Erinnerung an diese Umarmungen, die nicht keusch und heilig waren?

Du hast mir an einem Tag voll Fieber und Raserei vorgeworfen, daß ich es nie verstanden hätte, Dir die Freuden der Liebe zu geben. Damals weinte ich darüber, jetzt aber freue ich mich, daß etwas Wahres an diesem Vorwurf war. Ich bin froh, daß diese Freuden herber waren, verhaltener als jene, die Du anderswo finden wirst.

Wenigstens wirst Du Dich in den Armen anderer Frauen nicht an mich erinnert fühlen. Aber wenn Du allein sein wirst, wenn Du beten und weinen möchtest, dann wirst Du an Deine George denken, an Deinen wahren Kameraden, an Deine Pflegerin, an Deinen Freund, an etwas, das mehr als all das ist. Denn die Empfindung, die uns vereint, ist ein so kompliziertes Gebilde, daß man sie nicht mit irgendeiner anderen vergleichen kann. Die Welt wird das niemals begreifen. Um so besser. Wir werden uns lieben, und wir werden uns nichts aus ihr machen [...]

George

(undatiert, 1834/1835)

Warum gingen wir so traurig auseinander? Werden wir uns heute abend wiedersehen? Dürfen wir glücklich sein? Dürfen wir uns lieben? Du sagtest ja, und ich versuche, es zu glauben. Aber es scheint mir, daß Du Deinem Gefühl nicht folgen kannst, und daß Du Dich bei dem kleinsten Schmerz gegen mich auflehnst wie gegen ein Joch. Ach, mein Kind, wir lieben uns, das ist die einzige sichere Tatsache in unserem Leben. Die Zeit und die Trennung hinderten uns nicht und werden uns nicht hindern, uns zu lieben.

Aber ist ein Zuammenleben zwischen Dir und mir möglich? Bin ich imstande, mit einem andern zu leben? Das erschreckt mich. Ich bin oft traurig und verstört: denn Du machst mich jeden Augenblick hoffen und verzweifeln. Was soll ich tun? Willst Du, daß ich gehe? Willst Du wieder versuchen, mich zu vergessen? Ich, ich werde das nicht mehr anstreben, aber ich kann schweigen und fortgehen. Ich fühle, daß ich Dich wieder wie einst lieben werde, wenn ich nicht fliehe. Ich töte Dich vielleicht und mich mit Dir: bedenke das wohl. Ich wollte Dir im vorhinein alles sagen, was zwischen uns zu befürchten wäre. Ich hätte Dir schreiben sollen anstatt zurückzukommen; das Verhängnis hat mich zurückgeführt, soll man es beklagen oder segnen? Seit zwei Stunden, ich gestehe es Dir ein, ist das Entsetzen stärker als die Liebe, und ich fühle mich gelähmt wie ein Mensch auf einem Bergpfad, der es zwischen zwei Abgründen nicht wagt, vorwärtszugehen oder umzukehren. Dich zu lieben bedeutet vielleicht für beide Teile ein Leben des Fiebers, oder die Einsamkeit und die Verzweiflung für mich allein. Sage mir, glaubst Du auf andere Weise glücklicher sein zu können?

Ja, zweifellos, Du zählst dreiundzwanzig Jahre, und die schönsten Frauen der Welt, vielleicht die besten, können Dir angehören. Ich besitze, um Dich an mich zu fesseln, bloß das wenige Gute und das viele Böse, das ich Dir getan habe. Das ist eine traurige Mitgift, die ich Dir zubringe. Jage mich davon, mein Kind, Du brauchst nur ein Wort zu sagen. Diesmal wirst Du keine Heftigkeiten meinerseits zu befürchten haben, und ich werde Dich nicht eines Glückes wegen zur Rechenschaft ziehen, auf das ich verzichtet habe. Sage mir, was Du willst, mache was Du willst; kümmere Dich nicht um mich, ich werde für Dich leben, solange Du willst, und am Tag, da Du nicht mehr wollen wirst, werde ich mich bescheiden, ohne aufzuhören, Dich gerne zu haben und für Dich zu beten. Berate Dich mit Deinem Herzen, auch mit Deinem Verstand, mit Deiner Zukunft, mit

Deiner Mutter. Überlege, was Du außer mir besitzen könntest, und opfere mir nichts. Wenn Du zu mir zurückkehrst, kann ich Dir nur eins versprechen: ich will versuchen, Dich glücklich zu machen. Aber Du müßtest Geduld und Nachsicht üben in jenen Augenblicken der Furcht und der Traurigkeit, die mich zweifellos noch übermannen werden. Eine solche Geduld stimmt kaum mit Deinem Alter überein. Berate Dich, mein Engel, – mein Leben ist Dein, und was immer geschehen mag, sei überzeugt, daß ich Dich liebe und Dich lieben werde.

Willst Du, daß ich um 10 Uhr hingehe?

Alles das, siehst Du, ist ein Spiel, das wir treiben, aber unser Herz und unser Leben dienen als Einsatz, und das ist nicht ganz so vergnüglich, als es den Anschein hat. Willst Du, daß wir uns in Frankfurt zusammen eine Kugel vor den Kopf jagen? Das wäre rascher geschehen. Rozanne perlte eine kleine Träne über die Wange, als ich ihr die Stelle, die sie betrifft, vorgelesen habe. Komme ihretwegen, wenn Du nicht meinetwegen kommst, sie wird Dir Milch geben und Du wirst ihr Verse machen. Ich werde bloß über das Vergnügen eifersüchtig sein, das sie empfinden wird, Dich zu pflegen.

Nein, nein, es ist genug! Armer Unglücklicher, ich liebte Dich wie meinen Sohn, es war Mutterliebe, noch blute ich daran. Ich beklage Dich, ich vergebe Dir alles, aber wir müssen uns trennen. Ich würde dabei schlecht werden. Du sagst, das wäre besser, und daß ich Dich ohrfeigen sollte, wenn Du mich beschimpfst. Ich vermag nicht zu kämpfen. Gott schuf mich sanft und zugleich stolz. Mein Stolz ist jetzt gebrochen und meine Liebe ist nur mehr Mitleid. Ich sage es Dir, man muß damit fertig werden.

Sainte-Beuve hat recht. Dein Benehmen ist erbärmlich, unmöglich. Mein Gott, welchem Leben überließ ich Dich! Die Trunkenheit, der Wein! Dirnen – noch und immer wieder! Aber da ich nichts mehr tun kann, Dich davor zu bewahren, soll ich diese Schmach für mich und diese Marter für Dich selbst verlängern? Meine Tränen erregen Dich. Und mitten in alledem Deine törichte Eifersucht bei jeder Gelegenheit. Je mehr Du das Recht verwirkst, eifersüchtig zu sein, je mehr wirst Du es! Das ähnelt einer Strafe Gottes, die auf Dein armes Haupt zurückfällt. Aber meine eigenen Kinder, meine Kinder, leb wohl, leb wohl, Unglücklicher, der Du bist, meine Kinder, meine Kinder!

George

17.
»Partie Contre-Carrée«. Anonyme galante französische Lithographie, um 1855.

Alfred de Musset an George Sand

(undatiert, Baden-Baden, 1834)

Noch nie hat jemand so geliebt wie ich. Ich bin Dir verfallen ... Mein Herz strömt über vor Liebe, ich weiß nur noch, daß ich Dich liebe ... Sag mir, daß Du mir alles gibst, Deine Lippen, Deine Zähne, Deine Haare, Deinen Kopf, den ich so oft liebkost habe, alles – und daß Du mich küßt, *Du* mich! O Gott, o Gott! Die Angst, Dich zu verlieren, schnürt mir die Kehle zu; wenn ich an Dich denke, trübt sich mein Blick, zittern mir die Knie. Ach, sterben ist entsetzlich, aber es ist eine noch größere Qual, Dich so zu lieben und zu begehren! George, es dürstet mich nach Dir! Bitte, schreib mir wenigstens einen Brief. Ich sterbe vor Sehnsucht, leb wohl!

Alfred

Paris 1835

[. . .] Du hast so viel geweint und ich so wenig! Du stirbst stumm an meinem Herzen, aber ich könnte nicht zum Leben zurückkehren, wenn Du nicht mehr da wärest. Ich würde die Blumen auf Deinem Grab lieben, wie ich Dich geliebt habe; sie würden mich ihren süßen Duft und ihr trauriges Rosa trinken lassen wie Du. Sie würden verwelken wie Du, ohne mir zu antworten und ohne zu wissen, für wen sie sterben.

Alfred

Natalja Zacharin an Alexander Iwanowitsch Herzen

Moskau, 2. Januar 1836

Ja, Gott selbst hat mir die Hand geführt, als ich Dir schrieb, daß ich außer Dir nichts besitze. Gott selbst, mein Alexander! Er hat mir einzig in Dir alles gegeben, er hat mir eine Seele gegeben, die nur Dich zu lieben imstande ist. Wie gut bin ich jetzt, wie voller Glück ist jetzt mein ganzes Wesen, welche Musik erfüllt meine Seele! Ich bin jetzt eine Hymne der Liebe: lausche dieser Musik; sie ist himmlisch, sie stammt von Gott, sie ist die Deine! Gott selbst hat unsere Seelen verlobt, er hat uns füreinander geschaffen, und wenn uns hier auf Erden Trennung beschieden ist, dort oben, mein Freund, wartet unser ewige Vereinigung – dort oben, im Vaterland. Wie weit, wie schön ist jetzt meine Seele, mein Alexander! Sie hat Deine Seele umfaßt und spiegelt sie wieder. Jetzt ist mir auch jenes Bangen der Seele, jenes Erzittern des Herzens klar, als Du in Krutizi beim Abschied jenen Blick auf mich heftetest, jenen Blick, der mir damals völlig unverständlich und unenträtselbar war . . . Damals schon sagte ich Dir: »Ich weiß, daß Du mir von Gott gesandt bist, daß meine Seele ein Abglanz Deiner Seele ist.« Und von jener Zeit an, mein Freund, blieb in meiner Seele kein Gedanke, der nicht Dir seine Entstehung zu verdanken gehabt hätte, in meinem Leben kein Augenblick, der nicht Dir geweiht gewesen wäre. Gott hat mich aus Liebe zu Dir geschaffen. »Dann, dann wird keine Trennung mehr sein, dann lehne ich mein Haupt an Deine Brust, falls sie nicht vielleicht schon einem anderen zugehört.« Wenn Gott selbst Dich in diese Brust gepflanzt hat, Dich allein, allein Dich, mein Alexander . . . so wirst Du allein Dein Haupt an meine Brust lehnen, Du allein wirst mich an die Deine ziehen. Und wann wird jenes »dann« kommen, und wann werde ich bei Dir sein? Es ist fern, sagst Du . . . Ich würde mein ganzes Leben für eine Glücksminute dahingeben, würde einen Augenblick bei Dir mit tausend Leiden erkaufen. In Dir, mein Freund, ist für mich die ganze Welt beschlossen, in Dir bete ich zum Schöpfer, in Dir verehre ich ihn, in Dir vergöttere ich die Natur – mit einem Worte, ich lebe in Dir.

Habe ich nicht recht, Sascha, ich bin nur für Dich geschaffen, um Dich zu lieben? O wieviel fehlt es dieser Welt von Tönen noch daran, daß sich die Seele ganz in ihr ergieße, ihre ganze Seligkeit ausströme! Dann, mein

Freund, wird auch die Trennung nicht mehr so schrecklich sein! Aber ich wage nicht den Gedanken zu hegen, ich fürchte mich davor, daß uns die Stunde des Wiedersehens nicht beschieden sein könnte; eher nimmt Gott die Seele hinweg, als daß er ihr eine solche Qual auferlegt. Welches Begegnen, welches Wiedersehen! Allein bei diesem Gedanken sprengt mir das Pochen des Herzens die Brust.

Du erhältst viele Briefe von mir, mein Freund; vieles würde ich jetzt in ihnen ausstreichen, aber sie sind schon abgesandt; streiche selbst aus, was Dir nicht gefällt.

Ich erinnere mich noch genau an den 6. Januar, ich erinnere mich an jedes Deiner Worte. O, damals durchzuckte mich der Gedanke an Dich wie ein aufflammender Blitz; bald leuchtet er mit hellem Glanz und schwindet im Augenblick, bald öffnet sich plötzlich der Himmel, und der Blitz strahlt in zitternd-weißem Schimmer und erlischt dann wiederum; ich fürchtete mich und erschrak vor jenem Blitze, aber jetzt, jetzt . . . Möge jener Blitz mit seinem Glanz alle Wolken über Deinem Haupt zerstreuen, möge meine Seele der Hafen der Deinen auf Deiner langen, stürmischen Seefahrt sein! Jetzt sage ich nicht mehr, es könnte für Dich vielleicht einst nötig werden, daß ich verschwinde – nein, ich denke nicht mehr daran, und ebensowenig, daß auch nur ein dünnes Wölkchen des Zweifels Deinen Glanz verdunkeln könne.

Ich soll Dein Bild bekommen? Mein lieber Freund, wie verstehst Du meine Seele, wie ergründet Dein Blick ihre Tiefe! Nimm mit meiner armen Brieftasche vorlieb; auch mein Bild sollst Du ganz bestimmt erhalten, auch beinahe das erste, weil man mich schon mit Papa zusammen gemalt hat, als ich noch Säugling war.

Ich habe mich die ganze Nacht über nicht zu Bett gelegt, ich habe nicht geschlafen, ich liebe den Schlaf nicht, denn er trennt mich zeitweilig von Dir. Lebe wohl, Geliebter, Du mein einziger Freund.

Deine Natascha

Alexander Iwanowitsch Herzen an Natalja Zacharin

Wiatka, 15. Januar 1836

Das Glück überwältigt mich; meine schwache irdische Brust ist kaum imstande, alle Seligkeit, alle Wonnen des Paradieses, die Du mir schenkst, zu tragen. Wir haben uns verstanden. Wir haben nicht nötig, anstelle eines Gefühls zwei zu hegen. Es ist nicht Freundschaft, sondern Liebe! Ich liebe Dich, Natalja, ich liebe Dich unaussprechlich, so heiß, so tief, wie meine Seele überhaupt lieben kann. Du hast mein Ideal verwirklicht, Du bist den tiefsten Bedürfnissen meiner Seele entgegengekommen. Es ist unmöglich, daß wir uns nicht lieben. Ja, unsere Seelen sind verlobt, und auch unsere Lebensgeschicke werden sich vereinigen. Hier hast Du meine Hand, sie gehört Dir zu eigen. Hier hast Du meinen Schwur, weder Zeit noch Verhältnisse können ihn brechen. Alle meine Wünsche hielt ich in meinen traurigen Stunden für unerfüllbar; wo sollte ich das Wesen finden, nach dem sich meine Seele zuweilen sehnte? Solche Wesen sind Schöpfungen der Dichter und kommen nicht unter den Menschen vor. Und in meiner Nähe, ganz dicht bei mir, ist ein Wesen erblüht, das, ich spreche ohne Übertreibung, weit vollkommener ist als mein Traum selbst, und dieses Wesen liebt mich, und dieses Wesen bist Du mein Engel. Wenn alle meine Wünsche so in Erfüllung gehen, wo nehme ich dann ein Dankgebet zu Gott her, das würdig genug wäre?

Robert Schumann an Clara Wieck

Wien, den 1. Dezember 1838, Sonnabend früh

... Du bist es doch, von der ich alles Leben empfange, von der ich ganz abhängig bin. Wie ein Knecht möchte ich Dir oft von weitem folgen und Deines Winkes gewärtig sein. Ach, laß es Dir nochmals sagen, es komme wie es wolle – aber wer einmal meine Augen schließt, dem will ich es noch einmal zuflüstern, »nur Eine hat mich im Leben so ganz beherrscht, so ganz in sich hineingezogen in ihr innerstes Wesen, und diese Eine hab ich auch immer über alles verehrt und geliebt« ...

Hast Du meine kleinen Gedichte bekommen? Nun sieh, da steht alles drinnen, wie ich es meine. Du bekommst nun einmal einen Dichter zum Mann und Du hast ihn ja selbst dazu gemacht. Also verzeih mir.

Es wird immer finsterer draußen, inwendig immer heller. Meine kleinen Gedichte hebe mir auf – die ersten seit vielen Jahren sind es. Haben sie Dir ein Lächeln abgewonnen? ... Ich lese jetzt Mozarts Biographie von Nissen; mir ist aufgefallen, wie Du als Kind viel Ähnlichkeit mit ihm hattest ... Dein letzter Brief hat mich wieder glücklich gemacht; Du kennst den Ton, der mich bändigt. Mit Liebe wirst Du immer alles von mir erlangen können. Du bist zu gut, zu gut für mich. Oft bete ich für Dich, wünsche alles Schöne auf Dich herab. So lebe wohl, Du meine Geliebteste.

Dein Robert

Wien, den 18. Dezember, Mittwoch 1838

Gott grüß Dich, mein herziges Mädchen. Du hast Frühling um mich gemacht und goldne Blumen gucken mit den Spitzen hervor, mit andern Worten, ich komponiere seit Deinen Briefen, ich kann mich gar nicht lassen vor Musik. Hier hast Du mein kleines Angebinde zum heiligen Christ. Du wirst meinen Wunsch verstehen. Weißt Du noch, als Du mir vor drei Jahren am Weihnachtsabend um den Hals fielst? Manchmal war es, als erschräkest Du vor Dir selbst, wenn Du Dich mir so hingabst. Aber jetzt ist es anders, und Du ruhest still und sicher an meinem Herzen und weißt, was Du besitzt. Du meine Liebe, meine traute Gefährtin, mein holdes zukünftiges Weib – wenn ich nun in zwei Jahren die Türe aufmache und Dir alles zeigen werde, was ich Dir geschenkt, eine Haube, vieles Spielzeug, neue Kompositionen, dann wirst Du mir noch ganz anders um den Hals fallen und einmal über das andere ausrufen »wie hübsch, wer einen Mann und vorzüglich wie Dich einen hat.« Und ich werde dann Deiner Freude gar keinen Einhalt tun können, und Du wirst mich dann in Dein Zimmer führen, wo Du aufgeputzt und beschert, Dein Bild in Miniatur, eine Schreibtafel zum Komponieren, einen zuckernen Pantoffel, den ich gleich esse und vielerlei; denn Du beschenkst mich viel mehr als ich Dich, und ich kenne Dich darauf. Das Glück! Dann werden wir immer stiller, der Christbaum brennt immer schwächer und Küsse sind unser Gebet, daß es immer so bleiben möchte, daß uns der gute Gott zusammen erhalte bis an das Ende.

In diesem Jahr wird es noch freilich traurig um mich sein; ich werde mir manche Melodie summen, ich werde manchmal an das Fenster gehen und hinauf zu den Sternen sehen, wie sie funkeln, ich werde den ganzen Abend bei Dir sein . . .

Mit einem jungen Menschen, den ich vor kurzem kennengelernt habe, einem reinen unverdorbenen Gemüt, habe ich vor, den Abend zuzubringen. Ich bin froh, jemanden gefunden zu haben, der mich leicht versteht und in dem ich reiche Anlagen vermute. Er ist aus Liebe zur Musik seinen Eltern davongelaufen; er sinnt und denkt nichts als Musik. Er wird sich später auszeichnen, wie ich hoffe. Seither bin ich immer recht froh und fleißig gewesen. Dieser junge Mensch hat mit schuld, dann aber vorzüglich Deine beiden letzten Briefe, die mich so sehr beruhigen und im Innersten beglückt haben. Habe Dank, meine geliebte Clara, für alles, was Du mir armem Künstler tust.

. . . Wolle mich der Himmel so zufrieden erhalten . . . Nur wenn ich lange nichts von Dir erfahre, fangen die Kräfte mich zu verlassen an. Dann kommt die Melancholie. Es ist, als hüllten und packten sie mich in lauter schwarze Tücher und Gewänder; ein unbeschreiblicher Zustand.

. . . Tausend Adieu, Du liebe Gute!

Vergiß Deinen Robert nicht.

Clara Wieck an Robert Schumann

Berlin, den 24. 3. 1840

Ach ich Unglückliche! sitze nun hier und habe nicht den kleinsten Teil von den Genüssen, deren Ihr einander so viele schafft! Was hätt' ich gegeben, gestern in Leipzig zu sein, wie selig wäre ich gewesen, was hab ich geseufzt! Ich war im Theater, aber mein Sinn nur bei Dir, ich sah Dich in musikalischem Entzücken, und wäre doch so gern zu Deiner Seite gewesen! Eigentlich hatte ich längst die Absicht, mit der Mutter zu kommen, doch dachte ich, ich würde Dich in Deinem Zusammenleben mit Liszt stören und Dir dann doch nicht so willlkommen sein, als ich es wünschte. Ich glaube, es war besser getan, wir blieben. Aber wie künstlerisch ist das von Mendelssohn und wie ehrenvoll doch auch für Liszt! Sehnt sich Liszt immer noch nach dem aristokratischen Wien, nach den Gräfinnen etc.? Ich sollte meinen, daran müßte er nicht mehr gedacht haben bei Euch! Das Konzert von Bach, ist das in D-moll? Ach Gott, ich möchte weinen! Daß Liszt Dir immer gewaltiger vorkommen würde, dacht ich mir schon – manchmal meint man doch, es sei ein Geist, der da am Klavier sitzt.

. . . Daß der Vater gegen ihn geschrieben, kann ich noch nicht glauben – es wäre zu schrecklich! Ein großes Unrecht ist es aber, daß man dem Vater kein Billet geschickt hat. Jahrelang hat er mit größter Bereitwilligkeit seine Flügel hergegeben, hat mehr Schaden als Nutzen gehabt, hat sich die Mühe, die er oft dabei gehabt, nicht verdrießen lassen, und nun, weil man ihn nicht braucht, beachtet man ihn nicht! Weißt Du, das hat mich bittere Tränen gekostet und ist von Euch doch nicht recht.

. . . Daß Du mir mehr schreibst, als ich Dir, kann Dich doch nicht wundern? Hast Du nicht viel mehr Stoff, als Du nur zu Papier bringen kannst;

. . . und hast Du auch einmal wirklich gar keinen Stoff, weißt Du nicht aus *Nichts* etwas zu machen? Weißt Du mit einem Worte nicht, daß ich nicht Du bin? Du Mann, Du! – Schreib Du nur immerzu; es ist noch lange nicht soviel, als ich verdiene. Siehst Du das wohl ein?

. . . Ich zähle die Minuten bis zum grünen Donnerstag! . . . Den Tag, wann Du kommst, mußt Du später noch genau schreiben, damit wir das kleine Stübchen wieder einrichten . . . Bargiel läßt Dir sagen, von Herzen gern packe er zusammen, wenn Du kämest, es würde ihn kränken, wolltest Du nicht bei uns wohnen. Du hast wohl recht, es ist auch eine Ersparnis; wenn Dir nur das Stübchen nicht gar zu klein und unsere ganze Lebensweise gar zu einfach ist, das wäre mein Bedenken. Doch Du hast Dir es ja das vorige Mal auch gefallen lassen. Hätt ich Dich nur erst!

... Eben ging der Briefträger vorbei, er schüttelte mit dem Kopf und ich auch ... Nun so muß ich mich noch mit Geduld stählen. Aber morgen, nicht wahr, mein Robert.

... Sei mir umarmt in feuriger Liebe und behalte mich lieb. Deine getreue, Dir von ganzer Seele ergebene

Clara

Elizabeth Barrett an Robert Browning

17. Oktober 1845

... Ihre wundervollen Blumen! – nicht weniger wundervoll, weil sie gestern haben auf Wasser warten müssen. So frisch wie je waren sie; und während ich sie ins Wasser stellte, meinte ich, Ihr Besuch dauerte all die Zeit fort. Auch noch andere Gedanken hatte ich, die mich blind, ganz blind auf die kleinen blauen Blumen niederzublicken zwangen ... während ich dachte, was ich eine Stunde vorher nicht hätte sagen können, ohne in Tränen auszubrechen, die dann schneller geronnen wären. Wenn ich jetzt sage, daß ich nie vergessen kann; daß ich mich an Sie gebunden fühle, wie ein menschliches Wesen mit einem anderen nicht enger verbunden sein kann – und daß Sie mir in diesem Moment mehr sind, als die ganze übrige Welt, so heißt das nur, daß ich in neuen Worten sage, es wäre ein Unrecht gegen mich selber, wenn ich Ihr Glück in Gefahr brächte und Ihre Großmut zu mißbrauchen schiene. Was mich angeht ... obgleich Sie gestern Worte vom Zeugnis eines »Dritten« fallen ließen ... es wäre ungeheuerlich, wollte man es für nötig halten, mein Vertrauen zu Ihnen zu rechtfertigen – ich traue Ihnen unbedingt – und bin nicht zu stolz, Ihnen alles zu verdanken. Aber jetzt lassen Sie uns abwarten, was dieser Winter tut oder vernichtet – während Gott sein Teil zum Guten tut, wie wir wissen. Ich werde Ihnen niemals, irgendeinem menschlichen Einfluß gehorchend, fehlen – das habe ich versprochen – aber Sie müssen dies Versprechen von jenem anderen unterscheiden, das zu geben ein Unrecht wäre. Möge Gott Sie behüten – Sie, dessen Fehler ist, zu großmütig zu sein. Sie sind nicht wie andere Menschen, wie ich von Anfang an sehen konnte – nein ...

Und wenn Sie statt Dienstag lieber Montag kommen, so sehe ich nicht, warum darauf ein »Nein« erfolgen sollte. Urteilen Sie ganz, wie es Ihnen paßt. Nur müssen wir in der allgemeinen Praxis klug sein und zu häufige Besuche aus Furcht vor Schwierigkeiten vermeiden. Ich bin Cassandra, wie Sie wissen, und rieche Mord im Badezimmer. Es würde in den Tatsachen keinen Unterschied machen, großen aber in der Behaglichkeit

Ewig die Ihre –

Du mein Einziggeliebter, erst als Du fortgingst, als Du ganz fort warst, aus dem Haus und aus der Straße, erst da kam ich dazu, mich Deiner Blumen so recht von Herzen und mit innigster Dankbarkeit gegen Dich zu erfreuen. So wundervolle Blumen hast Du mir diesmal gebracht! Sie sehen aus wie der Sommer selbst und duften! Daß ich den Blumen »gebührende Ehre« erweise, läßt mir Deinen Besuch ein wenig länger erscheinen, die Sonne scheint gerade noch zu dieser Zeit über den Hügel hinweg und verschwindet dann – bis zum nächsten Briefe.

Wie ich Dir schon gesagt habe, bist Du mir alles, alles Licht und alles Leben, ich lebe nur für Dich. Bevor ich Dich kennenlernte, was und wo war ich da? Was war mir die Welt, und was bedeutete das Leben für mich? Und jetzt, wenn Du kommst oder gehst, schreibst oder nicht schreibst, sind alle Stunden dementsprechend in ebensoviele weiße und schwarze Felder geteilt wie beim »Fuchs-und-Gänse«-Spiel – nur fehlt hierbei der Fuchs, und ich habe keine Lust, die Gans zu sein.

Meine Herzensmeinung geht also dahin, daß Du mir mehr bist, als ich Dir je werde sein können ... Denke daran, wie jeder Schatten, der auf mein Leben gefallen ist, mit dazu beigetragen hat, das Licht, das von Dir auf mich übergeströmt ist, zu strahlenderer, wohltuenderer Bedeutung zu erheben.

Ich habe vor kurzem daran denken müssen, daß ich Dich sicher mein ganzes Leben lang unbewußt geliebt habe, das heißt, die Idee von Dir. Frauen beginnen (falls sie nur ein ganz klein wenig zur Träumerei neigen) in der Regel damit, daß sie sich heimlich vornehmen, das und das Ideal zu lieben, das sie bisweilen in einem Traum, bisweilen in einem Buch erblickt haben, und schwören ihren alten Glauben ab, wie die Jahre dahinschleichen ... Das Ideal muß selbstverständlich über einem stehen, weißt Du. Es steht so fern, daß man es wohl mit seinen Augen (Seelenaugen) erreichen kann, aber nicht mit seinen Armen. Und hier ist das meine ... soll ich es Dir beschreiben? ... selbst bis zu dem sichtbaren äußeren Merkmal des schwarzen Haars und des Teints (ei, Du kannst ja meine Schwestern fragen); ich würde es Dir aber nicht gestehen, wenn ich nicht hinzufügen könnte, daß es ganz dasselbe gewesen wäre, wenn es rotes Haar gehabt hätte; ich weise nur auf die volle Übereinstimmung hin und errege bei Dir ein leichtes Lächeln.

Und doch habe ich mir nicht vorgestellt, daß ich *Dich* lieben sollte, als Du Deinen ersten Besuch bei mir machtest – wirklich nicht ... ebensowenig wie ich glaubte, Du würdest an mir wärmeren Anteil nehmen. Als wir unseren Briefwechsel begannen, ging mein Ehrgeiz einfach dahin, daß Du vergessen solltest, daß ich eine Frau sei (denn ich war der hohlen, geschriebenen Galanterien satt und übersatt, an denen ich mein vollgerütteltes Teil gehabt hatte, und satt vielleicht um so mehr, weil sie wegen meiner besonderen Lage doch zu nichts geführt hätten); *das* solltest Du vergessen, als Freund mit mir verkehren, mich in dem unterweisen, was Du in bezug auf Kunst und Menschenkenntnis besser verstandest als ich, und mir während dieser Zeit Deine Teilnahme bezeigen. Ich bin eine große Heldenverehrerin und hatte Deine Poesie schon jahrelang bewundert, und das Bewußtsein, Du schriebest gern an mich und ließest Dir gern von mir schreiben, war ein hoher Genuß für mich und erfüllte mich mit Stolz, wie ich Dir sicher schon erzählt habe, und dann waren Deine Briefe so verschieden von den anderen, wie ich Dir nicht schon wieder sagen darf. Auch übtest Du einen Einfluß auf mich aus wie sonst niemand auf Erden. So z. B. brachtest Du es durch zwei bis drei halbe Worte dahin, daß ich Dich empfing, während andere Leute ganze Reden vergebens hielten. Jedermann im Hause war über meinen Entschluß, Dich zu empfangen, überrascht. Und als Du dann kamst, bist Du nie wieder fortgegangen. Ich meine, ich hatte beständig die Empfindung, als seiest Du bei mir. – – –

Weißt Du, daß ich mich die ganze Zeit über vor Dir gefürchtet habe? Gefürchtet in folgender Hinsicht: Ich hatte die Empfindung, als hättest Du eine Gewalt über mich und gedächtest, sie zu benutzen, und ich müßte beinahe genauso atmen und sprechen, wie Du es haben wolltest. Was meine Gedanken betrifft, so hatte ich mir in den Kopf gesetzt, als könntest Du sie lesen, wie Du die Zeitung liest, als prüftest Du sie und spießtest sie auf, während sie sich unter Deinen langen Schmetterlingsnadeln wanden – entsinnst Du dich der Entomologie von dem allen?

Aber diese Macht wurde nicht ausgeübt, und ich hegte keinen Zweifel, daß Du Deinen eigenen Geist mißverstanden hättest – die Stärksten von uns haben ausnahmsweise auch ihre schwachen Seiten. Und als ich das Wunder von allen Seiten betrachtete, kam ich auf das, was Du gestern zugabst – ja, ich bemerkte dies sehr frühzeitig ... daß Du mit der Absicht hergekommen warst, Du wolltest versuchen zu lieben, wen Du auch anträfest, und auch, was ich darüber sagte, daß Du die Bedeutung dessen übertriebest, was ich Dir sein könnte, hat dazu beigetragen, Dich in dem Entschluß zu bestärken. Dein eigenes Vorgefühl dem meinigen gegenüber zu rechtfertigen. Nun, und wenn dieser letzte Satz ebenfalls ein wenig zutraf ... warum sollte ich jetzt darüber traurig sein, und warum solltest

18.
»Die Sehnsüchtige«. Lithographie von Gustave Doré, 1860.

Du auch nur einen Augenblick geglaubt haben, daß der erstere mich traurig stimmen könnte? Anfangs, als ich noch nicht glaubte, daß Du mich wirklich liebtest, als ich glaubte, Du irrtest Dich, da war es anders. Aber jetzt ... jetzt ... da ich Deine Neigung zu mir sehe und an sie glaube, meinst Du, irgend etwas in der Welt (außer wenn es Deine Liebe verringerte) könne sie zu einer geringeren Quelle der Freude für mich machen? Ich meine, soweit ich selbst in Betracht komme. Wenn Du aber jemals glaubst, ich sei eitel auf Deine Liebe zu mir, so bist Du ungerecht, vergiß das nicht. Wenn sie mir weniger teuer wäre und sie weniger hoch über mir stände, dann könnte ich vielleicht auf sie eitel sein. Aber ich kann es vor Gott und vor Dir beteuern, daß kein einziges Ereignis meines Lebens, einschließlich meiner körperlichen Leiden, mich so tief gedemütigt hat wie Deine Liebe. Ob es recht oder unrecht ist, es ist wahr, und ich sage es Dir. Deine Liebe ist mir gewesen wie Gottes eigene Liebe, die man nur kniend entgegenehmen darf.

Warum ich dies alles geschrieben habe, weiß ich nicht – aber Du hast meine Gedanken gestern in diese Richtung rückwärts gelenkt, die ich sehr gern einschlage, und da Du mich sofort zum Schreiben veranlaßtest, so habe ich auch einmal meinen Gedanken freien Lauf gelassen.

Robert Bowning an Elizabeth Barrett

16. März 1846

Wie sollte die Liebe zu Dir, deren mein Herz voll ist, mich schweigen lassen? Ungenügende Rede ist in einer Hinsicht besser als keine Rede – der Redende hat es wenigstens mit Worten versucht, und wenn es mißlingt, so braucht er sich künftig nicht vorzuhalten, daß er nicht einmal einen Versuch gemacht hat – und so auch jetzt mit mir, denn ich liebe Dich, Ba, von ganzem Herzen und von ganzer Seele, und alle meine Sinne sind in einer weiten staunenden Dankbarkeit und Verehrung verloren, und darum dränge ich mich eng an Dich, um es Dir so unvollkommen zu sagen, liebe, liebste Geliebte! Warum hilfst Du mir nicht lieber, als daß Du mir meine Worte, mein eigenes Wort wegnimmst und es Dein nennst, da es nicht Dein ist? Du sagtest vor kurzem, die Liebe zu Dir »demütige Dich« – gerade als wolltest Du mich verhindern, diese ernste Wahrheit auszusprechen! – denn völlig wahr ist sie, wie ich immer überzeugender fühle. Du willst nicht begreifen, daß es so ist, und mir liegt auch nicht viel daran, denn das eine, was Du glauben mußt, was in seiner Länge und Breite zu glauben Du Dich entschließen mußt, ist, daß ich Dich liebe und einzig lebe in der Liebe zu Dir.

Ich will auf der Zuversicht ausruhn, daß Du es glaubst! Du *weißt* jetzt, daß es kein Schattenbild ist und *nicht* Du, an das ich mich zunächst gehängt und das ich nachher meine Phantasie gezwungen habe, in erträglicher Übereinstimmung mit dem Original in Dir verkörpert zu sehen, in Dir, dem teuersten, wirklichen Du, mit dem ich gesegnet bin – Du *weißt,* was mir die Augen sind, die Lippen und das Haar! Und ich für mein Teil weiß *jetzt,* da ich frisch von Deinem Anblick komme, *weiß* gewiß, was ich auch noch vor kurzer Zeit gesagt haben mag, daß Du bis zum Ende weitergehen wirst, daß der Arm um mich mich nicht fahren lassen wird – über einen solchen blinden Abgrund – ich will nicht denken, mir nicht vorstellen, *wohin* es ginge, wenn ich Dich jetzt verlöre! So gebe ich mein Leben, meine Seele in Deine Hand – und auch das Geben ist nichts als eine Form – sie sind Dein, immer Dein gewesen, von allem Anfang an! –, aber immer, wenn ich Dich sehe, bei Dir sitze und fortgehe, über das alles zu sinnen, finde ich mehr, das mein scheint, zu geben; Du gibst mir mehr Leben, und es geht zu Dir zurück.

Ich werde morgen von Dir hören – ich will früh ausgehn und einige Besuche abmachen, immer in der Freude des Bewußtseins, was auf mich wartet, und wenn ich zurückkomme, will ich ein paar Worte schreiben. Diese Briefe, diese bloßen Versuche, mit Dir aus der Ferne zu reden – freilich immer mit dem tröstenden Gefühl, daß Du alles wissen, denken, verzeihen und berichtigen wirst – ist es möglich, daß Dir an ihnen liegt, Du sie erwartest, wie Du sagst? Dann, Ba, *muß* mein Leben besser werden . . . da die Hilfe so nah ist, und die Liebe »immer einen Weg findet«, wofür sie von jeher bekannt ist. Wenn Du Dir einmal in Deiner Phantasie einen Liebenden nach Deinem Geiste schaffst, dann bin ich sofort verloren – aber die eine Eigenschaft der *Liebe* zu Dir, die früher oder später in die Liste seiner einzelnen Vorzüge eintreten müßte – die will ich beisteuern – die vollste Liebe, von der Du träumen könntest, *ist* hier. Du glaubst, einige der anderen Vorzüge, und nur zu viele zu sehen; und Du wirst eines Tages klar blicken, aber darum kümmere ich mich nicht – Du sollst die wahren Helden bewundern – aber mich sollst Du um der Liebe willen lieben. Laß mich Dich küssen, meine Liebe, Liebste – Gott behüte Dich immer –

15. August 1846

Meine Aller-, Allerliebste – viele von den Dingen, wenn nicht alle, für die es mir an Worten fehlt, wenn ich nah bei Dir bin, werden in einiger Ferne ganz klar. Wie einfach ist es zum Beispiel, in unserem Fall zuzugeben – war nur meine geliebte, einzige Ba erst einmal entdeckt –, daß die Schwäche und die Zurückgezogenheit im ganzen eher günstige Umstände waren. Wären sie ungünstig gewesen . . . ich glaube nicht, daß mich ein paar Hindernisse entmutigt hätten . . aber so ist es leichter gewesen . . besser – und jetzt ist alles zugestanden! An sich hätten diese Umstände niemals mehr als das ihnen von Rechts wegen zukommende Gefühl erregen können – meinst Du, mit allem Mitleid und Dienst gehe auch nur ein Partikelchen Liebe auf ein ganzes Hospital von Unheilbaren? Also schätze alle Anziehungskraft dieser Art nach ihrem Werte ein und nicht höher. Wenn alles anders gewesen wäre, und ich hätte Dich doch erkannt und geliebt, dann hätte vielleicht – oder wahrscheinlich – mein Ziel ein ebenso anderes sein können – die Richtung meiner besonderen Freude an Dir . . . Ich würde sicherlich dann wie jetzt Deine Liebe in Deinem Glück fühlen wollen, ihrer sicher sein . . . in Deinem vollen Glück – aber ich würde danach streben, es in einem ganz anderen Leben als dem, in welchem ich Dich zuerst gesehen hätte, fortdauernd zu finden – wenn Du mich liebtest, müßtest Du in Ruhe und Einsamkeit und Einfachheit und Entbehrung glücklich sein ... erst dann würde ich *wissen,* daß Du mich liebtest, denn ich wüßte, wie Du vorher glücklich gewesen warst. Aber jetzt, siehst Du nicht, daß es mein äußerster Stolz und meine Freude sein wird, wenn ich denken kann, Du bist so glücklich, *wie Du es nicht gewesen bist* – auf die Art, wie Du es nicht gewesen bist: wenn Du etwa aus einem Wirbel von Bällen und Gesellschaften und Ausflügen und Besuchen kämst – an meine Seite –, dann würde ich Dich lieben, wenn Du stille bei mir säßest – aber jetzt, wenn Du nur aufstehst, wie viel mehr, wenn du gehst ... ich will, wenn Du mich läßt, jeden Schritt, den Du machst und der Dir Vergnügen bringt, jedes Lächeln auf Deinem Munde, jedes Licht in Deinen Augen als einen direkten *Gehorsam* gegen mich ansehn ... allen Gehorsam, den Du mir jemals leisten *kannst* ... Du sollst bei jeder solchen Handlung sagen: »Dies tue ich ausdrücklich, um Dir Freude zu machen!« Ich hoffe, ich werde einst wissen, daß Du glücklich warst ... das wird am Ende beweisen, daß Du mich geliebt hast ...

Charles Baudelaire an Marie Daubrun

[undatiert]

Gnädige Frau, Ist es möglich, daß ich Sie nicht mehr wiedersehen soll? Hier liegt für mich die bedeutungvolle Frage, denn ich bin schon dahin gelangt, daß Ihre bloße Abwesenheit meinem Herzen eine große Entbehrung bedeutet.

Als ich erfuhr, daß Sie darauf verzichteten, Modell zu stehen, und daß unwillkürlich ich die Ursache sein müßte, habe ich eine seltsame Traurigkeit empfunden.

Ich habe Ihnen schreiben wollen, obwohl ich kein Freund von Schreibereien bin. Man bereut sie fast immer. Aber ich setze nichts aufs Spiel. Mein Entschluß ist gefaßt, mich Ihnen für immer zu ergeben.

Wissen Sie, daß unser langes Gespräch am Donnerstag sehr seltsam war? Dieses Gespräch eben hat mich in einen neuen Zustand versetzt und ist der Anlaß dieses Briefes.

Ein Mann spricht: »Ich liebe Sie« und bittet. Und eine Frau erwidert: »Ich Sie lieben? Niemals! Ein einziger besitzt meine Liebe. Unglücklich der, der ihm folgen wollte; er erhielte nur meine Gleichgültigkeit und Verachtung.« Und dieser selbe Mann – nur um das Vergnügen zu haben, länger in Ihre Augen zu sehen – läßt es geschehen, daß man zu ihm von einem andern spricht, nur von diesem andern, nur für diesen entbrennt, nur an diesen andern denkt. Aber aus all diesen Bekenntnissen ergab sich mir eine ganz merkwürdige Tatsache; die nämlich, daß Sie für mich nicht mehr einfach ein Weib sind, das man begehrt, sondern eine Frau, die man ihrer Offenheit, ihrer Leidenschaft, ihrer Frische, ihrer Jugend und ihrer Torheit wegen liebt.

Ich habe bei diesem Bekenntnis sehr viel verloren; denn, da Sie nun einmal so entschlossen waren, hatte ich mich sofort ergeben sollen. Aber Sie, gnädige Frau, haben viel dabei gewonnen: Sie haben mir Respekt eingeflößt und eine tiefe Achtung! Seien Sie immer so, und bewahren Sie sie wohl, diese Liebe, die Sie so schön und so glücklich macht.

Kehren Sie wieder, ich beschwöre Sie, und ich will sanft und bescheiden in meinen Wünschen werden. Als ich Ihnen erwiderte, daß ich mich mit den Brosamen begnügen würde, hatte ich es wohl verdient, von Ihnen verachtet zu werden. Ich hatte gelogen. Ach! wenn Sie wüßten, wie schön

Sie diesen Abend waren! Ich wage es nicht, Ihnen Komplimente zu machen. Das ist so banal – aber Ihre Augen, Ihr Mund, Ihre ganze lebensvolle, beseelte Gestalt zieht jetzt an meinen geschlossenen Augen vorüber – und ich fühle, es ist entschieden.

Kehren Sie zurück – ich bitte Sie fußfällig darum; ich sage Ihnen nicht, daß Sie mich ohne Liebe finden werden; aber Sie können meine Gedanken nicht hindern, um Ihre Arme, um Ihre so schönen Hände, Ihre Augen, in denen Ihr ganzes Leben wohnt, um Ihre ganze entzückende körperliche Wesenheit zu schweben; nein, ich weiß, Sie vermögen das nicht. Aber seien Sie unbesorgt. Für mich sind Sie ein Gegenstand des Kults, und es wäre mir unmöglich, Sie zu beflecken; ich werde Sie immer so strahlend sehen wie früher. Es ist so gut, so schön, so süß, Ihr ganzes Wesen einzuatmen! Sie sind für mich das Leben und die Bewegung, nicht so sehr wegen der Raschheit Ihrer Bewegungen und der Heftigkeit Ihres Naturells als Ihrer Augen wegen, die dem Dichter nur eine unsterbliche Liebe einflößen können. Wie Ihnen erklären, wie sehr ich Ihre Augen liebe, wie sehr ich Ihre Schönheit schätze? Sie birgt zwei sich widersprechende Reize, die Anmut des Kindes und die des Weibes – und bei Ihnen widersprechen sie sich nicht. Ach, glauben Sie es mir, ich sage es Ihnen aus der Tiefe meines Herzens: Sie sind ein anbetungswertes Geschöpf, und ich liebe Sie aus ganzer Seele. Es ist ein reines Gefühl, das mich für immer an Sie knüpft, Ihrem Willen zum Trotz werden Sie fortan mein Talisman und meine Stärke sein. Ich liebe Sie, Marie – ich leugne es nicht – aber die Liebe, die ich für Sie empfinde, ist die Liebe des Christen für seinen Gott! Geben Sie darum niemals diesem unkörperlichen und geheimnisvollen Kult einen irdischen und oft so beschämenden Namen, dieser süßen und keuschen Anziehung, die meine Seele Ihrem Willen zum Trotz mit der Ihren vereint. Das wäre ein Sakrileg! – Ich war tot, Sie ließen mich auferstehen. Ach, Sie wissen nicht, was ich Ihnen alles verdanke! Ich habe aus Ihrem Engelsblick ungeahnte Wonnen geschöpft; durch Ihre Augen wurde mir das Glück der Seele, alles Vollkommenste und Zarteste offenbar. Fortan sind Sie meine alleinige Königin, meine Leidenschaft und meine Schönheit! Sie sind jener Teil meines Selbst, den eine geistige Wesenheit geschaffen hat.

Durch Sie, Marie, werde ich groß und stark sein. Gleich Petrarca werde ich meine Laura unsterblich machen. Seien Sie mein Schutzengel, meine Muse, meine Madonna, und führen Sie mich den Weg des Schönen.

Erwidern Sie mir ein einziges Wort, ich beschwöre Sie darum, ein einziges! Es gibt im Leben eines jeden oft zweiflerische und entscheidungsvolle

Tage, wo ein Freundschaftsbeweis, ein Blick, irgendein kleines Gekritzel den Menschen einer Dummheit oder dem Wahnsinn entgegentreibt! Ich schwöre Ihnen, ich bin so weit. Ein Wort von Ihnen wird der gebenedeite Gegenstand sein, den man ansieht und auswendig lernt. Wenn Sie wüßten, wie Sie geliebt werden! Sehen Sie! Ich werfe mich Ihnen zu Füßen; ein Wort, sagen Sie ein Wort . . . Nein, Sie werden es nicht sagen!

Glücklich, tausendmal glücklich der, den Sie unter allen gewählt haben, Sie, mit Ihrem Reichtum an Weisheit und Schönheit, mit Ihren Schätzen an Talent, Verstand und Herz! Welche Frau könnte Sie jemals ersetzen? Ich wage es nicht, einen Besuch zu erbitten, Sie würden ihn mir nicht gewähren. Ich ziehe vor zu warten.

Ich werde Jahre warten, und wenn Sie sich so beharrlich geliebt sehen, mit Achtung und vollständiger Selbstlosigkeit, dann werden Sie sich erinnern, daß Sie damit begonnen haben, mich zu quälen, und daß Sie schlecht daran taten.

Schließlich steht es nicht in meiner Macht, die Schläge abzuwehren, die mein Ideal mir zu versetzen beliebt. Es hat Ihnen gefallen, mich vor die Türe zu setzen; mir gefällt es, Sie zu verehren. Das ist alles.

Gustave Flaubert an Louise Colet

7. August 1846

Seit wir uns gestanden haben, daß wir uns lieben, fragst Du Dich, warum ich mich zurückhalte, das Wort »für immer« beizufügen. Warum? Weil ich erahne, was uns die Zukunft bringt, weil ohne Unterlaß das Widersprüchliche sich vor meine Augen stellt. Nie konnte ich ein Kind sehen, ohne gleichzeitig daran zu denken, daß es zum Greis wird, nie sah ich eine Wiege, ohne an das Grab zu denken. Die Betrachtung einer nackten Frau zwingt mich zum Nachsinnen über ihr Gebein. Dies ist der Grund, weshalb mich Lustspiele traurig stimmen, weshalb mich Trauerspiele wenig berühren. – Ich weine zu oft im Innern meiner Seele, als daß meine Augen noch Tränen vergießen könnten; ein Buch erschüttert mich mehr als ein wirkliches unglückliches Ereignis. Solange ich noch meine Familie hatte, wünschte ich manchmal, sie nicht zu haben, um freier zu sein, um in China oder bei den Wilden leben zu können. Jetzt, wo ich sie nicht mehr habe, bedaure ich es, und ich klammere mich an die Mauern, an denen noch ihre Schatten haften. Andere wären stolz über die Liebe, die Du an mich verschwendest; ihre Eitelkeit würde sich daran ergötzen, und ihre männliche Selbstsucht wäre bis in ihre geheimsten Falten geschmeichelt; aber mein Herz erlöscht vor Trauer, wenn das auflodernde Erlebnis verklungen ist; denn ich sage mir: sie liebt mich, und ich, der auch ich sie liebe, liebe sie nicht genug. Hätte sie mich nicht gekannt, so hätte ich ihr alle Tränen, die sie vergießt, erspart.

Du glaubst, daß Du mich immer liebst, mein Kind; immer!, welche Vermessenheit menschlichen Denkens! Ehedem hast Du geliebt, nicht wahr, wie ich; erinnere Dich, daß auch zu andern Malen Du gesagt hast: immer. Doch ich bin mit Dir grob, ich kränke Dich ... Wie dem auch sei, ich halte es für besser, schon jetzt Dich in Deinem Glück zu beunruhigen, als es in kalter Berechnung zu übersteigern, wie das alle tun, damit Du unter seinem Verlust nachher nur um so mehr leidest ... Wer weiß? Du wirst mir vielleicht später dafür danken, daß Du den Mut gefunden hast, nicht zärtlicher zu sein. Ah, wenn ich in Paris gelebt hätte, wenn alle meine Lebenstage an Deiner Seite verklungen wären, ja, dann hätte ich mich dem Strome hingegeben, ohne um Hilfe zu rufen. Ich hätte in Dir für meine Gefühle und für meinen Verstand eine immerwährende Erfüllung gefunden, die niemals mich erschöpfte. Aber das Los, getrennt zu sein und nur selten uns zu sehen, ist grauenhaft; welch eine Aussicht! Und trotzdem, was machen ...

Ich fasse es nicht, wie ich es fertigbrachte, Dich zu verlassen. Das gleicht mir ganz! Das ist so ganz mein erbärmliches Wesen; liebtest Du mich nicht, so würde ich sterben; Du liebst mich, und ich schreibe Dir, aufzuhören. Wie ein frischer Bach, der die durstigen Ufer getränkt hätte, wollte ich durch Dein Leben fließen und nicht wie ein reißender Strom, der es verwüstet; in der Erinnerung an mich wäre Dein Leib erbebt und Deine Seele hätte sich verklärt. Verfluche mich nie! ach, Du wirst von mir sehr geliebt worden sein, bevor ich Dich nicht mehr liebe. Ich, ich werde Dich immer segnen; meine Vorstellung von Dir wird immer von Poesie und Zärtlichkeit durchwoben bleiben, wie gestern die Nacht im milchigen Dunst ihres silbermatten Nebels. – In diesem Monat werde ich Dich besuchen; einen großen, langen Tag werde ich Dir gehören. Ich schulde Dir eine offene Erklärung über mich selbst, um auf eine Seite Deines Briefes zu antworten, welche mir die Täuschungen offenbart, denen Du Dich aufmeine Rechnung hingibst. Es wäre feige von mir (und die Feigheit ist ein Laster, welches mich abstößt, in welcher Maske sie auch immer sich zeigt), sie länger bestehen zu lassen.

Im Grunde meines Wesens bin ich – was man darüber auch sagen mag – ein Gaukler. In meiner Kindheit und Jugend hatte ich eine schrankenlose Liebe zu der Bühne. Ich wäre vielleicht ein großer Schauspieler geworden, wenn es mein Schicksal gewesen wäre, als armer Mensch auf die Welt zu kommen. Noch heute ist es die Form, die ich über alles liebe, vorausgesetzt, daß sie schön ist, und weiter nichts. Die Frauen haben ein zu leidenschaftliches Herz und einen zu ausschließlichen Verstand, um diese von den Empfindungen losgelöste Religion der Schönheit zu begreifen.

Sie brauchen immer eine Ursache, einen Zweck. Ich aber, ich bewundere ebenso den Flitterglanz wie das Gold. Der Zauber des Flitterglanzes übertrifft sogar seine Traurigkeit. Für mich gibt es in der Welt nur schöne Verse, gut gesetzte, wohlklingende, klangreiche Sätze, schöne Sonnenuntergänge, Vollmond-Abende, farbenreiche Bilder, antike Statuen und wohlgeprägte Köpfe. Darüber hinaus nichts. Ich wäre lieber Talma als Mirabeau gewesen, da er in einer reineren Atmosphäre des Schönen lebte. – Vögel in Käfigen erregen mein Mitleid ebensosehr wie versklavte Völker. In der ganzen Politik gibt es nur etwas, das ich begreife, nämlich den Aufruhr. Ich bin fatalistisch wie ein Türke und glaube, daß alles, was wir

19.
»Wollust«. Gemälde von Franz Lenbach, 1897.

für den Fortschritt der Menschheit tun können oder nicht tun, ganz genau auf dasselbe herauskommt. Bezüglich dieses Fortschrittes so habe ich für diese an sich wenig klaren Ideen ein nur dumpfes Begriffsvermögen. Alles was mit dieser Frage zusammenhängt, langweilt mich grenzenlos. Ich verachte die moderne Tyrannei, denn sie scheint mir dumm, schwach und als fürchte sie sich vor sich selbst. Dagegen bin ich von tiefer Verehrung für die antike Tyrannei, welche ich als die höchste Kundgebung der vergangenen Menschheit betrachte. Vor allem bin ich ein Mensch der Phantasie, der Laune, der Zerrissenheit. Eines Tages werde ich weggehen, um fern von hier zu leben, und man wird nicht mehr von mir reden hören. – Was im allgemeinen in der körperlichen Liebe die Menschen am nahesten berührt, für mich jedoch nebensächlich ist, habe ich immer vom andern getrennt. Ich habe Dich jüngst darüber spotten gehört, als wir von B. sprachen . . . das war meine Geschichte. Du bist wirklich die einzige Frau, die ich geliebt habe.

Ich liebte eine Frau vom vierzehnten Jahr an, bis ich zwanzig war, ohne es ihr zu sagen, ohne sie zu berühren; und ich lebte beinahe drei Jahre lang nachher, ohne mein Geschlecht zu empfinden. Ich glaubte eine Zeitlang, daß ich so sterben würde, ich hätte dem Himmel dafür gedankt. – Du bist die einzige, welcher ich zu gefallen wagte, und vielleicht die einzige, welcher ich gefiel. Hab Dank, hab Dank. Aber wirst Du mich bis in die Tiefen meines Wesens begreifen, wirst Du die Last meiner Langeweile, meines Wahnes, meiner Laune, meiner Niedergeschlagenheit und meine aufbrausenden Erwiderungen ertragen? Du sagst zum Beispiel, ich solle Dir alle Tage schreiben, und wenn ich es nicht tue, so wirst Du mich beschuldigen. – Siehst Du, die Vorstellung, daß Du jeden Morgen von mir einen Brief wünschst, wird mich verhindern, ihn zu schreiben. Laß mich Dich lieben auf meine Weise, nach der Art meines Wesens, nach dem, was Du meine Eigentümlichkeit nennst. Zwing mich zu nichts, und ich tue alles. Begreife mich und beschuldige mich nicht. Würde ich Dich für leichtsinnig und albern wie die andern Frauen halten, so würde ich Dich mit Redensarten, Versprechungen und Schwüren abspeisen. – Was würde mich das schon kosten? Aber ich möchte lieber hinter als über der Wahrheit meines Herzens bleiben. Bei den Numiden, erzählt Herodot, herrschte ein seltsamer Brauch. Solange sie noch ganz klein sind, brennt man ihnen die Haut des Schädels mit glühender Kohle ab, damit sie später weniger empfindlich sind gegenüber der in ihren Ländern zerstörenden Wirkung der Sonne. Daher geht es ihnen von allen Völkern der Erde am besten. Bedenke, daß ich nach der Art der Numiden erzogen wurde. War es da nicht leicht, ihnen vorzuwerfen: »Ihr empfindet nichts, selbst die Sonne erwärmt euch nicht.« Oh, hab keine Angst: auch wenn das Herz eine Wunde hat, so ist es doch nicht weniger gut.

Otto von Bismarck an Johanna von Puttkamer

Schönhausen, 21. Februar 1847

Johanna, Du bessere Hälfte meiner oder unserer! Deinen Brief vom 18. empfing ich heut, und sage Dir zuerst meinen innigen Dank für die herzliche Liebe, die mich aus ihm anspricht. Liebe kennt keinen Dank und erwartet keinen, sagt jemand, Dank ist ein kaltes Wort. Schadet nicht, ich fühle Dankbarkeit gegen Dich und liebe Dich doch.

[. . .] Sage mir, mein Engel, Du schriebst mit so vieler Ernsthaftigkeit über Porto-Skrupel; bin ich oder bist Du der Pommer, der keinen Scherz versteht? Glaubst Du wirklich daß mich das etwas angeht, wieviel Porto ein Brief kostet? Daß ich einen weniger schreiben würde, wenn es 10fach wäre? Diese Idee stimmt mich ungemein heiter, wenn das Dein Ernst war, wie ich nach der Fassung beinah glaube; und wenn ich Karikatur zeichnen könnte, so würde ich Dir mein Profil so sarkastisch – sardonisch – ironisch – satirisch an den Rand malen, wie Du es noch nie gesehen hast. Du erinnerst vielleicht, daß ich mich in Zimmerhausen schon über Deinen Mut gewundert habe, mich, den Halbfremden, anzunehmen in der Eigenschaft, dans laquelle me voilà, daß Du mich aber so wenig kennst, daß Du mich, den geborenen Verschwender, für geizig hältst, zeigt, daß Du Dich mir in blindem Vertrauen hingegeben hast, in Vertrauen, wie es nur eine Liebe geben kann, für die ich Dir Hände und Füße küsse. Du mein Herz, wie wenig kennst Du die Welt! Warum verklagst Du Deinen letzten Brief so sehr? Ich habe nichts darin gefunden, was mir nicht lieb und lieber gewesen wäre. Und wäre es anders, wo solltest Du künftig eine Brust finden, um zu entladen, was die Deine drückt, wenn nicht bei mir? Wer ist mehr verpflichtet und berechtigt, Leiden und Kummer mit Dir zu teilen, Deine Krankheiten, Deine Fehler zu tragen, als ich, der ich mich freiwillig dazu gedrängt habe, ohne durch Bluts- oder andere Pflichten dazu gezwungen zu werden? Du hattest eine Freundin, zu der Du jederzeit flüchten konntest, von der Du nie abgewiesen wurdest; vermissest Du die in diesem Sinne, in dem Bedürfnis? Meine liebe liebe Johanna, muß ich Dir nochmals sagen, daß ich Dich liebe; sans phrase, daß wir Freud und Leid miteinander teilen sollen, ich Dein Leid, Du das meine, daß wir nicht vereinigt sind, um einander nur zu zeigen und mitzuteilen, was dem andern Freude macht, sondern daß Du Dein Herz zu jeder Zeit bei mir ausschütten darfst, und ich bei Dir, es mag enthalten, was es wolle, daß ich Deinen Kummer, Deine Fehler, deine Unarten, wenn Du welche hast, tragen muß und will und Dich liebe, wie Du bist, nicht, wie Du sein solltest oder könntest? Benutze mich, brauche mich, wozu Du willst, mißhandle mich äußerlich und innerlich, wenn Du Lust hast, ich bin dazu da für Dich, aber »geniere« Dich nie, und in keiner Art vor mir, vertraue mir rückhaltlos in der Überzeugung, daß ich alles, was von Dir kommt, mit inniger Liebe, mit freudiger oder geduldiger, aufnehme. Behalte nicht Deine trüben Gedanken für Dich und blicke mich mit heitrer Stirn und fröhlichen Augen an dabei, sondern teile mir in Wort und Blick mit, was Du im Herzen hast, mag es Segen oder Leid sein. Sei niemals kleinmütig gegen mich, und erscheint Dir etwas in Dir unverständig, sündhaft, niederdrückend, so bedenke, daß all dergleichen in mir tausendmal mehr vorhanden ist und ich davon viel zu sehr und innig durchdrungen bin, als daß ich dergleichen bei andern geringschätzig betrachten sollte, bei Dir mein Herz aber anders als mit Liebe, wenn auch nicht immer mit Duldung, wahrnehmen könnte. Betrachte uns als gegenseitige Beichtväter, als mehr wie das, die wir nach der Schrift »ein Fleisch« sein sollen.

Dein Knecht
B.

Franz Liszt an Carolyne Sayn-Wittgenstein

(undatiert, zwischen Ostern und Pfingsten 1851)

Meine arme, arme Carolyne!

Du kannst mir nicht einmal schreiben ... Und Du mußt leiden, immer leiden. Wie könnte ich nicht von dem Gedanken zerschmettert sein, zu dem sich noch die Entfernung, die Unruhe, düstre Hirngespinste, meine Verlassenheit und der Zwang der verhaßten Scheu vor dem Urteil der Welt gesellen! Der platte Egoismus, in dem das Gewohnheitsleben dahinpendelt, in dem so viele Stunden der Willenlosigkeit und Ohnmacht eine große Rolle spielen! Meine arme, liebste Carolyne, wie schrecklich elend ich mich ohne Dich fühle, kann ich Dir niemals beschreiben. Essen, trinken, schlafen, leere Worte in die Luft sprechen, ist das Leben? Und was vermag ich anders ohne Dich zu tun – ohne Dich, die meines Gebetes Seele ist, der Himmelsbogen meiner Erinnerungen, der Stern meiner Hoffnungen, die Sonne meines Glaubens – und meine ganze, ganze Liebe! Liebe Magnet, ich flehe Dich an, schreibe mir morgen und dann übermorgen nochmals. Sage mir, wie es Deiner Mutter geht. Ich darf keinesfalls fortfahren – wenigstens muß ich mir das immer wieder sagen – und doch Gott weiß es, ob ich, als ich die Zeilen von Deiner lieben Hand empfing, einen anderen Gedanken haben konnte, als sogleich zu Dir zu eilen. Bedauere mich ein wenig, daß ich so stumpfsinnig vernünftig bin ... Aber siehe, mein Leben war, bevor ich Dein Herz in meinem schlagen fühlte, ein endloses Warten. »Warten auf einen, der nicht kam«, wie der Dichter sagt. Und mein Herz hatte sich zu Stein verwandelt – aber aus diesem Stein hat Gott durch Deine Tränen eine sprudelnde Quelle geschlagen, die fortsprudelt bis zum ewigen Leben. Liebe Carolyne, ich will kein Gleichnis, kein Sinnbild, keine Gegenwart, keine Zukunft, nur Dich allein. Du bist das Sein meines Seins und die Seele. Aber ich werde inne, daß das alles nichts als leere Worte sind. Ist es das, was ich sagen will? Nein. »Laßt mich schlafen ... To die, to sleep!« Wie das Erwachen auch sei, ich sterbe in Dir und will nichts als in Dir sterben. Gott erbarme sich meiner. Er hat das Gebet des armen Schächers nicht verschmäht. Aus dem gleichen Gefühl flehe ich: Herr Jesu, sei mir gnädig!

Dienstag nach Pfingsten 1851

Ich horche auf unseren Rosenkranz, und ich würde ihn mit Dir beten, wenn ich mich in Dein Zimmer versetzen könnte. Aber so verlassen kann ich Dich kaum vernehmen und Deine anbetungswürdigen Worte dringen zu mir wie eine kaum hörbare Musik, deren Wellen nur die Seele vernimmt.

11. März 1854

Ich glaube an die Liebe, durch Dich, in Dir und mit Dir. Ohne diese Liebe will ich weder Himmel noch Erde. Alle Stimmen meines Herzens und meiner Seele singen den Hymnus der Liebe, die Du erträumt hast. Laß mich an Deiner Seite bleiben. Dort ist meine höchste Freiheit, glaube es mir. Alles andere ist nichts als Sklaverei und Lüge. Laß uns einander lieben, meine einzige, heilige Geliebte in Gott und unserem Herrn Jesus Christus – auf daß die Menschen nicht lösen, was Gott in Ewigkeit zusammengefügt hat. Ich habe alles wohl erwogen, und der Friede, der meine Seele erfüllt im Scheine Deiner Liebe, ist kein Trugbild der Phantasie. Nehmen wir mit dem Bewußtsein unserer Bestimmung die Leiden unseres Schicksals hin. Sie werden immer nur von kurzer Dauer sein. Vergessen wir nicht, daß unser Weg und unser Ziel die Liebe ist – die Liebe, die alle Lasten leicht tragen läßt, denn sie entströmt unaufhörlich den Quellen des ewigen Lichts.

(Aachen) Dienstag, den 11. August 1857
7 Uhr abends

Diese Worte sollen Dir ein letztes Mal von diesem Zimmer sprechen, das Du erhellt hast mit den Strahlen Deiner Liebe, Deiner Zärtlichkeit, Deiner unaussprechlichen Güte – und das ich bevölkert habe mit der Erinnerung an Dich, mit Deinen Tränen und Deinem Lächeln, mit meiner Ohnmacht und meinem siegreichen Trachten nach Dir. Wie innig liebe ich Dich, und wie liebe ich nur durch Dich und in Dir!

Elise Krinitz an Heinrich Heine

(Paris, Frühjahr 1855?)

Seit Jahren Monsieur, seit dem Tage, da ich zum ersten Mal eines Ihrer Werke las, habe ich immer gedacht, daß wir früher oder später Freunde sein werden. Seit diesem Augenblick hege ich für Sie eine reine Zuneigung, deren Beweise ich Ihnen, wenn Sie wollen, eines Tages geben werde, um Sie zu amüsieren, und die gewiß nur mit meinem Leben ein Ende finden wird.

Sie lachen vielleicht darüber – und darin läge für mich eine süße Strafe – aber Sie werden sich ganz bestimmt nicht darüber lustig machen; wäre ich ein eingebildetes Geschöpf, so würde ich mich verpflichtet fühlen, Ihnen mit mehr oder weniger schlechten Ausdrücken zu beweisen, »daß meine Seele es verstanden hat, die Ihre zu begreifen«, um Sie mir geneigt zu machen – aber da ich die Schwäche habe zu glauben, daß alle *wahre* Poesie bisweilen am besten von den schlichten Gemütern verstanden wird, komme ich ohne weitere Umschweife auf den Zweck meines Briefes.

Indessen, da ich schreibe, fühle ich Tränen in meine Augen steigen. Ich sage mir, daß Sie leiden, daß Sie krank sind und daß das, was aus einem zärtlichen und wahren Gefühl kommt, leicht für die aufdringliche Regung einer gemeinen Neugier gehalten werden könnte.

Nein, Monsieur – wie stark auch mein Verlangen sein könnte, Ihnen die Hand zu drücken, den Klang Ihrer Stimme zu hören – ich würde lieber darauf verzichten, jene Züge, die mir meine Phantasie so oft geschildert hat, lebendigen Ausdruck annehmen zu lassen, als die Erfüllung um diesen Preis zu erreichen.

Doch wenn mein Wunsch nichts Beleidigendes für Sie hat, wenn er Ihnen sogar durch seine Vertraulichkeit die Begeisterung eines Herzens enthüllt, das sich Ihnen nicht fremd fühlen kann, so stimmen Sie vielleicht dem zu, was es sich wünscht, und erlauben mir vielleicht, Sie zu sehen.

Auf alle Fälle wird Sie, wie ich hoffe, meine Eigenschaft als Kompatriotin, vereint mit der Empfindung, die mir meine Bitte diktiert, veranlassen, mich freizusprechen, falls ich mich Ihnen gegenüber einer Zudringlichkeit schuldig gemacht habe. Adieu, Monsieur – adieu – teurer Dichter!

Wenn Sie mir die Gunst gewähren, die ich erbitte, so schreiben Sie ein

Wort postlagernd an die Buchstaben M.–B. am nächsten Mittwoch hierher – wenn nicht – schreiben Sie dennoch, damit ich ein Andenken an diese Hand habe, die ich so gern drücken möchte.

Margareth

(Paris, Herbst 1855?)

Bester Freund! Ich sterbe vor Sehnsucht, Sie zu sehen, und doch fürchte ich, noch einige Tage dies Glück entbehren zu müssen, indem ich mir vorigen Sonntag Husten, Schnupfen und Fieber in der Exposition geholt habe. Hoffentlich sind Sie wieder wohler! Ach, so nahe zu sein und Sie nicht sehen zu dürfen!

Und doch bin ich so glücklich – ich habe ja Ihre Bücher, ich brauche mich ja nie eigentlich von Ihnen zu trennen!

Wenn ich an Ihre Werke denke, so weiß ich nicht, wie ich es wage, mich mit Ihnen zu unterhalten, Ihnen zu schreiben! Es wird mir dann, als stünde ich vor einem mächtigen Gott, und ich kann nichts, als Ihnen zu Füßen fallen und Ihnen sagen, wie wohl, wie unendlich wohl es mir ist in dieser herrlichen Welt, die Sie erschaffen haben!
Ach, ich liebe Sie so unendlich!

Ihre Mouche

Richard Wagner an Mathilde Wesendonck

31. Oktober 1858, abends

Weißt Du denn nicht, mein Kind, daß ich nur von Dir – nur von Dir abhänge? Daß die ernste Heiterkeit, mit der das Dir gesandte Tagebuch abschloß, nur das Spiegelbild Deiner mir mitgeteilten schönen Stimmung war? Oh, halte mich nicht für so groß, daß ich ganz für mich und aus mir sein könnte, was ich bin, und wie ich bin. Wie tief fühle ich dies jetzt. Von unsäglichem Weh und Jammer bin ich bis in das Innerste zerspalten – ich habe Deine Sendung erhalten, Dein Tagebuch, Deine Antwort gelesen! – Weißt Du es denn wirklich noch nicht, wie ich nur von Dir lebe? Glaubtest Du es nicht, als ich noch kürzlich es Dir sagen ließ? Dir gleich, Deiner würdig zu sein – das ist der Halt meines Lebens! Schilt mich nun nicht, wenn ich Dir nun sage, daß ich eben ganz wie Du bin, wie Du empfinde, ganz Deine Stimmung, Dein feinstes Weh' teile, nicht nur, weil es das Deine ist, sondern weil es mir so klar und gewiß auch das meine ist! – Weißt Du denn noch, wie wir uns schrieben, da ich in Paris war, und vereint gleichzeitig aus uns der Jammer hervorbrach, nachdem wir wie begeistert uns unsre Vorsätze mitgeteilt? So ist es noch! So wird es bleiben, immer und immer! – Alles ist Wahn! Alles Selbsttäuschung! Wir sind nicht gemacht, uns die Welt einzurichten. O Du lieber, lautrer Engel der Wahrheit! Sei gesegnet für Deine himmlische Liebe! O ich wußte alles! Welch bange Tage habe ich verlebt! Welche wachsende tiefe Beklemmung! Die Welt stockte mir: und atmen konnte ich nur noch, wenn ich Deinen Atem fühlte. – O mein süßes, süßes Weib! Ich kann Dich heut' nicht trösten, ich armer, trauriger, zerbrochener Mann! Auch nicht Balsam kann ich Dir geben und – »Heilung« habe ich ja nicht für Dich?? Wie sollte ich Dir Heilung geben können? Meine Tränen fließen in bittren reichen Strömen: sollten die Dich heilen können? – Ich weiß, es sind die Tränen der Liebe, die noch nie so geliebt wurde: in ihnen strömt mir aller Jammer der Welt. Und doch, die einzige Wonne, die ich heute, jetzt empfinden möchte, geben sie mir; sie geben mir eine tief, tief innere Gewißheit, ein unverständliches, unentreißbares Recht. Es sind die Tränen meiner ewigen Liebe zu Dir. Könnten sie Dich heilen? – O Himmel! Mehr als einmal stand ich jetzt hart daran, mich sofort aufzumachen, um in Deine Nähe zu kommen.

Unterließ ich es aus Sorge für mich? Nein! gewiß nicht! Aber aus Sorge für Deine Kinder! Darum – nochmals – und immer: Straff! – Es gilt noch eine Zeitlang. Mir ist – mir ist – als könnte ich – bald Dir schöner, Dir angenehmer, Deiner würdiger begegnen: und dies möchte ich so gern! – Aber was ist alles Mögen? –

Nein! Nein! Du süßes Kind! Ich weiß alles! Ich verstehe alles: ich sehe klar, sonnenklar – – –! Ich werde wahnsinnig! – Laß' mich jetzt abbrechen! Nicht um Ruhe zu suchen, sondern um der Wonne meines Schmerzes bis zum Ertränken mich zu übergeben! – O Du Holde! – Nein! Nein! Er verrät Dich nicht. – – – Er – nicht! –

1. Januar 1859

Nein! Bereue sie nie, diese Liebkosungen, durch die Du mein dürftiges Leben schmücktest! Ich kannte sie nicht, diese wonnigen Blumen, dem reinsten Boden der edelsten Liebe entblüht! Was ich als Dichter geträumt, mußte mir einmal so wundervoll wahr werden: auf den gemeinen Boden meines irdischen Daseins mußte dieser zartbelebende und verklärende Wonnestau einmal fallen. Ich hatte es nie gehofft, und nun ist mir, als hätte ich es doch gewußt. Nun bin ich geadelt: ich habe den höchsten Ritterschlag erhalten. An Deinem Herzen, in Deinem Auge, von Deinen Lippen – ward ich der Welt enthoben. Jeder Zoll an mir ist nun frei und edel. Wie mit heiligem Grauen vor meiner Herrlichkeit durchschauert mich das Bewußtsein, von Dir in so ganzer Fülle, so süß zärtlich und doch so innig keusch geliebt worden zu sein! – Ach, noch atme ich ihn, den zauberischen Duft dieser Blumen, die Du mir von Deinem Herzen brachtest; das waren nicht Keime des Lebens; so duften die Wunderblumen des himmlischen Todes, des Lebens der Ewigkeit. So schmückten sie einst die Leiche des Helden, ehe sie zu göttlicher Asche gebrannt wurde; in dieses Grab von Flammen und Wohldüften stürzte sich die Liebende, um ihre Asche mit der des Geliebten zu vereinigen. Nun waren sie eins! Ein Element! Nicht zwei lebende Menschen: ein göttlicher Urstoff der Ewigkeit! – Nein! Bereue sie nie! Diese Flammen, sie brannten leuchtend, rein und hell! Keine finstre Glut, kein Gedünst, keine bangen Dämpfe verunreinigten sie je, die lautre, keusche Flamme, die ja niemanden noch so rein und verklärend leuchtete wie uns, deshalb auch niemand von ihr wissen kann: Deine Liebkosungen – sie sind die Krone meines Lebens, die wonnigen Rosen, die mir aus dem Dornenkranze erblühen, mit dem mein Haupt einzig geschmückt war. Nun bin ich stolz und glücklich! Kein Wunsch, kein Verlangen! Genuß, höchstens Bewußtsein, Kraft und Fähigkeit zu allem, zu jedem Lebenssturme! – Nein! Nein! Bereue sie nicht! Bereue sie nie! –

Oscar Wilde an Constance

The Balmoral, Edinburgh, 16. Dezember 1884

Liebste und Geliebte, hier bin ich nun, und Du bist bei den Antipoden. O fluchwürdiges Leben, das unseren Lippen verwehrt, sich zu küssen, wenn auch unsere Seelen vereint sind.

Was kann ich Dir in einem Briefe sagen? Ach! Nichts von alldem, was ich Dir sagen möchte. Die Botschaften der Götter werden nicht durch Feder und Tinte übermittelt, auch könnte selbst Deine leibliche Anwesenheit hier Dich nicht wirklicher machen: denn ich fühle Deine Finger in meinem Haar und Deine Wange an die meine geschmiegt. Die Luft ist erfüllt von der Musik Deiner Stimme, meine Seele und mein Leib gehören mir nicht mehr, sie sind in himmlischer Ekstase Dir verschrieben. Ohne Dich fühle ich mich unvollständig. Stets und immer Dein

Oscar

Hier bleibe ich bis Sonntag.

Oscar Wilde an Lord Alfred Douglas

Babbacombe Cliff, Januar [?] 1893

Mein einziger Junge, Dein Sonett ist entzückend, und es ist ein Wunder, daß diese roten Rosenlippen so gut geschaffen sind für den Wohlklang des Lieds wie für die Raserei der Küsse. Deine ranke goldene Seele wandelt zwischen Leidenschaft und Lyrik. Ich weiß: Hyakinthos, den Apoll so rasend liebte, das warst Du in den Tagen der Griechen.

Warum bist Du allein in London, und wann gehst Du nach Salisbury? Fahr dorthin und kühle Dir die Hände im grauen Dämmer der Gotik und komm hierher, sobald Du magst. Es ist reizend hier – nur Du fehlst; aber geh zuerst nach Salisbury. Stets Dein Dich liebender

Oscar

Savoy Hotel, London [März 1893]

Liebster aller Jungen, Dein Brief war köstlich, wie roter und goldener Wein; aber ich bin traurig und verstimmt. Bosie, Du darfst mir keine Szenen machen. Sie töten mich, sie zerstören den Reiz des Lebens. Ich kann Dich, attische Anmut, nicht von Leidenschaft entstellt sehen. Ich kann nicht den schön geschwungenen Lippen lauschen, wenn sie mir häßliche Dinge sagen. Lieber würde ich mich von jedem »renter« in ganz London erpressen lassen, als Dich bitter, ungerecht, gehässig zu sehen. Ich muß Dich bald sehen. Du bist das Göttliche, das ich brauche, die Anmut und Schönheit selber; aber ich weiß nicht, wie ich es anstellen soll. Soll ich nach Salisbury kommen? Meine Miete hier beträgt £ 49 die Woche. Ich habe auch einen neuen Salon über die Themse bezogen. Warum bist Du nicht hier, mein lieber, mein wunderbarer Junge? Ich fürchte, ich muß hier weg; kein Geld, keinen Kredit, und ein Herz wie Blei.

Ganz Dein Oscar

Oscar Wilde an Robert Ross

La Napoule, 2. Januar 1899

Mein lieber Robbie, der Scheck traf heute morgen bei Coouk ein: vielen Dank. Der Hotelier schaute schon ein wenig ängstlich drein – genau gesagt ziemlich scheel –, ist aber jetzt wieder bester Dinge, nachdem ich ihm mitteilte, daß ich heute nachmittag bezahlen werde.

Noch immer kein Lebenszeichen von Frank Harris: höchst ärgerlich. Ein reizender Junge namens Harold Mellor (mit vierzehn aus Harrow geflogen, weil der Kapitän der Kricket-Elf ihn liebte) wohnt mit seiner Mutter in der Nähe von Cannes und kommt jeden Morgen mit dem Fahrrad zum Frühstück herüber. Er ist ungefähr sechsundzwanzig, sieht aber jünger aus. Manchmal radelt ein sehr schlanker, blonder, kleiner Italiener mit ihm herüber. Er heißt *Eolo;* sein Vater, der ihn für 200 Lire an Harold verkaufte, gab allen seinen Kindern – siebzehn an der Zahl – Namen aus dem *Mythologischen Wörterbuch.* Harold ist ein netter Junge, aber der Kleine langweilt ihn. Es ist furchtbar traurig.

Am Freitag nahm er mich mit nach Nizza, und wir sahen Sarah in *La Tosca.* Ich ging hinter die Bühne, um Sarah zu besuchen, und sie fiel mir um den Hals und weinte, und ich weinte auch, und der ganze Abend war wunderschön. Du solltest unbedingt herkommen. Ich brauche Dich dringend. Was meine Wiedervermählung betrifft, so bin ich überzeugt, daß Du mich diesmal mit einem vernünftigen, praktischen, häßlichen Knaben mittleren Alters verheiraten möchtest, und der Gedanke paßt mir gar nicht. Außerdem bin ich so gut wie verlobt mit einem achtzehnjährigen Fischer von ungewöhnlicher Schönheit. Du siehst also, es geht nicht so einfach.

Grüße an Reggie. Stets Dein

Oscar

Oscar Wilde an Reginald Turner

Hotel des Bains, La Napoule, 3. Januar 1899

Mein lieber Reggie, wie geht es Dir immer? Und wie geht's Sir John? Schreibe mir doch ein paar Zeilen über Dich. Es hat natürlich keinen Sinn, wenn ich Dich bitte hierherzukommen, obwohl hier täglich herrlicher Sonnenschein ist. Zuweilen weht ein kleiner Mistral – ein böser Philisterwind –, aber im ganzen ist das Wetter himmlisch.

Mein Freund, mein neuer Freund Harold Mellor, kommt heute und übernachtet im Hotel, und morgen fahren wir für einen Tag nach Nizza. Ein anderer guter Freund, ein Junge aus Paris, genannt *le petit Georges,* ist zur Zeit in Nizza, und ich habe versprochen, hinüberzukommen und ihn zu besuchen. Er sieht aus wie ein sehr hübscher Römerknabe, dunkel und bronzefarben, Nase und Mund prachtvoll gemeißelt, und die Zelte der Mitternacht sind aufgeschlagen in seinen Augen; Monde bergen sich in ihren Schleiern. Er hält sich in Spekulationsgeschäften in Nizza auf. Es ist schön und ermutigend, daß es Menschen gibt, die Romantik und Geschäft verbinden können – ja vermischen und einsmachen.

Ich korrespondiere jetzt regelmäßig mit einem Schuljungen vom Radley, siebzehn Jahre alt. Seine Fotografie, die er mir geschickt hat und immer wieder schickt, ist sehr schön. Er scheint ausschließlich meine Bücher zu lesen und schreibt, es sei sein einziger Wunsch, »in meine Fußstapfen zu treten«! Aber ich habe ihm erklärt, daß sie an schreckliche Orte führen.

Ich hoffe, daß Du Romantik mit Geschäft verbindest. Robbie scheint anzunehmen, daß Du schrecklich überbezahlt und unterarbeitet bist, und es sieht auch so aus: aber vielleicht ist Robbie bloß eifersüchtig.

Bitte schreibe mir ein paar Zeilen. Herzlichst Dein

Oscar

20.
»Après«. Gemälde von P. Quinsac.

Eleonora Duse an Gabriele d'Annunzio

Santa Margherita Ligure, 13. Februar 1898

Seele, teure Seele!

Hier hast Du die Wahrheit. Florenz erscheint mir unerträglich. Alle Wichtigkeiten, die das *»Theater«* (nicht die Kunst) mit sich bringt, stürzen wieder über mich her.

Wenn ich mich nicht berauschen und *sie* mitreißen kann durch das Geschenk Deines Werkes, wozu soll es dann gut sein, daß wir wieder einander gegenübertreten – (das Publikum und ich). Und dann?

Wieder das Rampenlicht einschalten – in der Kälte – mich kostümieren und frisieren, um *mich vor ihnen* zu produzieren, einander anschauen, ohne sich zu sehen, sprechen, ohne sich zu verstehen, den physischen Ekel verspüren, den die *Barbaren* in Rom – jeden Abend – in mir hervorriefen – und die Langeweile, die Langeweile, die einen mehr bedrückt als die Ablehnung – nein, nein, ich kann es nicht mehr durchhalten! – Hier, nach Deiner Abfahrt, die mich ins Herz traf (leer das Zimmer nebenan), hat mir der Zauber des Meeres wieder die Augen geöffnet ...

Seit gestern ist dieses Meer, das vor Dir so ruhig lag, trüb und würgend – ich bleibe – so – allein – und mit Dir –, schaue es an und höre ihm zu und fühle es. Wohin, wohin ginge ich teure Seele, ohne das große Versprechen?

Ich könnte in diesen Tagen nicht arbeiten, wahrhaftig, ich könnte es nicht.

Glaube nicht, daß es mir an Kraft fehlt.

Jedenfalls nicht an *der* Kraft, die in mir »Kunst« wird.

Solange ich dieses Meer liebe – dieses Schweigen – dieses Geheimnis, dieses Wiedererleben Deiner Worte, solange wird auch meine Seele leben und meine Kunst.

Ich vermag es Dir nicht zu sagen. Die schönen Dinge weißt nur Du auszusprechen, ich kann Dir nur zuhören! Diese *Angst* und Freude und *Harmonie,* wenn ich Dir *lausche,* keinem anderen als Dir ... ach! – man darf sie mir nicht nehmen! – Ich will sie –

Zwei Briefe von Dir! Und so schöne! So süße!

Also, *ich werde Dich sehen!*

Du, Du sagst es! Du sagst, daß Du es willst! – Und nun? – Nun, da das Meer verzaubert ... warum nicht bleiben? – Aber ich würde nicht hier bleiben – in Santa Margherita. Schon haben mich einige dieser lästigen Leute aufgestöbert, und ich gehe immer durch die Gartentür, um ihnen aus dem Weg zu gehen, aber: diese Bewachung ringsum geht mir auf die Nerven, und es raubt mir allen Frieden, immerzu überlegen zu müssen, wie ich hinausgehen oder hereinkommen soll, um diesen Idioten nicht zu begegnen.

Rapallo fällt mir ein. Morgen früh suche ich dort ein von der Menschheit vergessenes Hotel, um mich einige Tage lang verbergen zu können.

Vergangenes Jahr fand ich in Rapallo *Seidelbast* und *Flammendes Herz,* mit denen die Zimmer in Albano geschmückt waren. Deshalb kehre ich dorthin zurück. Wer weiß ... Erinnerst Du Dich des *Altars* zu Albano? Jenes Gelübde wurde zum guten Omen.

Und die zwei Ringe? –

Gott, welche Freude! Ich werde sie wirklich haben? – Du bringst sie mir?

Wir beide – allein – *wieder allein* noch *ein* Mal! – Und die Welt nicht mehr!

Ach! Ach! Was für ein langer Brief! Ich Ärmste! Wirst Du die Geduld aufbringen, ihn zu lesen?

Wenn Du diese Zeilen hast – telegrafiere mir ein Wort, um mir zu sagen, ob Du mit Rapallo einverstanden bist ...

Eleonora

Marseille, 31. März 1898

Ich vernichte einen verrückten Brief, den ich Dir heute nacht schrieb, als ich aus dem abscheulichen Theater zurückkam.

Dein Telegramm von heute morgen ist da, von vor zwei Stunden! –

Und da: drei Worte – das heißt, *ein* Wort, – das heilige – dreimal wiederholt.

Es ist das Wort, das wir, Mund an Mund, wenn Deine Hand über mich geht, nicht zu sagen *wagen,* weder Du noch ich. – So ist es gut! Im Beisammensein süße Wonne, die das Wort verbannt ... in der Trennung ... das Erzwungene der Kunst, das verbittert; – der *Klang* des inneren Seins, so weit *über* dem äußeren Leben ... und dann werden, über die Telegrafenleitungen hinweg, Worte hinausgeschrien (von Dir zu mir, von mir zu Dir), die wir beieinander, Mund an Mund, nicht anzurühren wagen, indem wir sie *aussprechen,* kennen wir doch sehr gut ihre Kostbarkeit, ihre Gefährlichkeit, ihre Reinheit, ihr Geheimnis, ihre Vorbedeutung.

Gebenedeit seist Du – und das ungebändigte Leben, das Du Dir und der Kunst neu schaffst und wiedererweckst, in Dir, *für Dich,* jedweden Augenblick.

Oh! Gebenedeiter Du.

Ich würde nicht in Tränen vergehen, wenn ich Dir beim Vorlesen der *schönen Sachen* lausche, die Du der Kunst darbringst, fühlte ich nicht ganz tief, tief in mir, mit welch unendlicher Anteilnahme Deiner Seele Du sie hervorquellen läßt.

Und das alles sei gebenedeit!

Ach! Wenn Du Deine Bestimmung erfüllst – gehe ich Dir entgegen.

Jeden Tag glaube ich zu sterben, während ich jenen Tag erwarte, ihn fern und doch nahe wissend.

Ja, ja, Du teure und schöne Seele.

Dir werde ich entgegengehen. Schon weiß ich um Deine derzeitige Qual . . . –

Es wird *»die dargebrachte Gabe«* sein.

Ach, Seele! –

Eleonora

Gabriele d'Annunzio an Amaranta

8. September 1908

Ach Freundin, meine Freundin, süße Giusini, Inbegriff alles Zärtlichen in der Welt, warum wird Dir so Schlimmes angetan, warum stürzen sie Dich in solche Todesnot?

Was soll ich nun tun? Wie soll ich helfen?

Meine Seele hat nach Dir gerufen, und Du antwortest nicht. Deine Augen haben gelesen, was ich mit meinem Herzblut schrieb, und hatten keine Träne.

Ich bin allein, Du bist allein.

Ich wohne im Haus unserer Liebe, wo alle Dinge von Dir leben und von Deiner Schönheit, als wären sie Dein Haar, Deine Arme, Deine Brüste, Deine Knie, Deine Schultern, Dein Nacken. Bewege ich mich, dann glaube ich, Dich zu fühlen, Dich zu berühren, und mein Herz schlägt die matten Schläge, die das Nahen der Lust gemein hat mit dem Nahen des Todes.

Wie wird die Nacht für mich werden, und wie für Dich?

Wie soll ich die Augen schließen in dem Gedanken, daß ich wieder aufwachen muß?

O Erwachen an den beiden letzten Tagen im April! Und das andere Erwachen dann im Mai, als die Welt eingestürzt schien, vernichtet alles, was schön war. Mir war's, als läge ich in einem tiefen, tiefen Sumpf, versuchte in Todesangst mich zum Licht emporzukämpfen, dem schlammfarben fernher schimmernden Licht.

Aber das Erwachen morgen, wenn Müdigkeit bleiern auf meinen Lidern lasten wird, dies Erwachen wird von allen das schlimmste sein.

Ich bin in unserem Zimmer gewesen, dem grünen, das Du das Meeresgrundzimmer getauft hast, in dem wir glücklich waren wirklich wie in einer zauberischen Salzgrotte und dem trunknen Sirenensang unserer Sinne lauschten.

Ich habe das weiße Buch auf dem Pult wieder in die Hand genommen, »Amarantas Geheimbuch«, in das ich Dir die Strophen meiner Leidenschaft hatte schreiben müssen. Wie liebtest Du den Band in biegsamem

Pergament mit seinen Bändern aus Goldstoff, in denen die vierblättrige Rose eingewebt war!

Täglich fast gemahntest Du mich an mein Versprechen. »Hast Du schon angefangen?« fragtest Du. »Wann fängst Du an?«

In mir wogte es von Liedern, aber sie mußten ungesungen bleiben: zu sehr verzehrte ich mich im Verlangen nach Dir.

Denkst Du noch an diese Worte: ». . . Wenn Schmerz, benetzt von Tränen, wird zur Lust, wenn Tod, von Blut sich rötend, Leben wird . . .«?

»Mein Leben, bitter ist's durch Deine Liebe, Amaranta.«

Alle Düfte lösten sich in Schwaden an der großen Flamme . . .

Eine weiße Rose liegt zwischen den Seiten, eine von denen, die Du jeden Morgen auf Deiner Decke oder Deinem Kissen fandest und ins Haar stecktest: weiß wie Dein Leib, nur nicht so süß.

Wie traurig ist alles! Das Schicksal hat gewollt, daß ich nicht in das Buch schreibe, *Dir vorbestimmt* seit fünfzehn Jahren (1893: was für ein Jahr war das in Deinem Leben?). Es hat gewollt, daß ich in dies andere hier schreibe, das Buch von Wahnsinn und Schmerzen, von Verzweiflung und von ewiger Liebe.

Wirst Du diese Blätter lesen eines Tages? Wirst Du sie mit Deinen Tränen netzen? Den Alptraum erkennen, den ich jetzt träume, den Du jetzt träumst?

Bist Du mir verloren? Oder werde ich Dich zurückerobern mit der Kraft meiner Liebe?

Was für eine Seele wirst Du haben, wenn Du wieder erwachst?

Sieh, dort, das Bett, wo unsere Körper verschmolzen zu neuer wunderbarer Einheit, wo wir wirklich aus Tod Leben machten, aus Weinen Lust und aus Schrei Melodie. Welcher Fieberrausch könnte länger sein, tiefer sein, als unserer war?

Gestern zur gleichen Stunde irrtest Du zwischen zwei Kerlen straßauf, straßab, Amaranta, *Schneeflockenwesen, Du!* Heute schlägst Du schreiend um Dich in einer ärmlich stickigen Kammer, unter neugierigen, klatschenden Dienstmädchen. Der Mund, der in der Nacht von Giovi feuerglutende Küsse verschwendete an einen, der fortging in Dunkel und Gefahr – derselbe Mund brennt vom eingebildeten Gift, dieselben Lippen, bläulich verfärbt nun, zittern wie im Todeskampf.

Und der Morgen ist fern.

Gabriele

Gustav Mahler an Alma

21. Dezember 1901

Meine geliebte Alma!

Tausend Herzensgrüße aus der Luft, die Du atmest, meine Heimat! Kaum, daß ich in mein Zimmer getreten (wie schön, daß Du es schon kennst), erblickte ich die lieben, vertrauten Züge Deiner Hand und las nicht ohne Bewegung die trauten Worte, die wohl noch vor meinem gestrigen Brief geschrieben sind. – Schwer lag er die beiden Tage auf meiner Seele, wenn ich an den Eindruck dachte, den er auf Dich im ersten Moment machen mußte. Ich wünsche es Dir und mir, daß Du aus ihnen nur meine Liebe und Treue herausgelesen und die Kraft und die Tiefe derselben ermessen hast. Nicht wahr, Du verstehst, wie hart und unerbittlich wahr ich sein kann, wo ich liebe. – Und es muß zwischen uns alles klar sein, bevor wir uns in die Arme schließen – denn heute nachmittag hätte ich nicht mehr die Fassung und Macht über mich selbst, Dir alles zu sagen und zu fragen, was doch entschieden sein muß. Nie war mir ein Schreiben von Dir ersehnter, nie angstvoller erwartet, als das, welches mein Diener jetzt von Dir mitnehmen soll. – Was wirst Du mir sagen! Mißversteh mich aber nicht, auch was Du sagst, ist noch nicht entscheidend, sondern, was Du bist! Die Leidenschaft, die uns jetzt buchstäblich in Fesseln geschlagen, muß für diesen Augenblick überwunden werden (und dies kann nur geschehen, wenn wir uns nicht gegenwärtig sind – und darum habe ich auch, solange es Zeit ist, geschrieben), damit wir mit innerer Beruhigung und liebender Sicherheit das Band schlingen können, das uns unauflöslich bis zum letzten Atemzug aneinander ketten soll.

»Es prüfe, wer sich ewig bindet«
Und »mit dem Gürtel, mit dem Schleier
reißt der schöne Wahn entzwei!«

Nun nichts mehr, denn meine Seele flutet über beim Gedanken an das Wiedersehen! Ich werde so früh als möglich kommen. Doch weiß ich nicht, wie lange ich im Theater bleiben muß. Auch muß ich heute zum Obersthofmeister, von dem ich oft erst um 3 Uhr wegkomme.

Auf Wiedersehen, meine Teure, Liebe!

Dein Gustav

George Bernard Shaw an Stella Patrick Campbell

10 Adelphi Terrace, W.C., 27. Februar 1913

Nichtswürdig Grausame, Du Kieselherz, die Du einem hungernden Kind das Stück Brot wegreißt, wie konntest Du das über Dich bringen? Wie konntest Du? Weißt Du, was das für mich bedeutet? Ich will mein Spielzeug heben, und ich soll es wegwerfen. Ich will meine Jungfrau Maria haben auf dem himmlischen Thron. Ich will meine italienische Bäuerin haben. Ich will meine Mitvagabundin haben, mit der ich Pferde stehlen kann. Ich will meine dunkle Dame haben. Ich will meinen Engel haben – meine Versucherin. Ich will meine Freia haben mit ihren Äpfeln. Ich will die haben, die mir meine sieben Leuchter der Schönheit, der Ehre, des Gelächters, der Musik, des Lebens und der Unsterblichkeit anzündet. Meine Inspiration will ich haben, meinen Wahn, mein Glück, meine Gottheit, meinen Irrsinn, meine Selbstsucht und endlich meine Vernunft und Heiligung, meine Transfiguration, meine Läuterung, mein Licht über dem Meere, meine Palme fern in der Wüste, meinen Garten voll lieblicher Blumen, meine unzähligen namenlosen Freuden, den Lohn meiner Tage, meiner Nächte Traum, meine Geliebte und meinen Stern.

Und das alles verweigerst Du mir mit sechs leeren Redensarten, die noch nicht einmal das Papier ansengen, auf dem sie geschrieben sind.

Nun gut: ich will wegbleiben, ich will vergessen, ich will schuften, ich will verzichten, ich will inmitten der Trümmer meiner Tempel und meiner entlaubten Bäume mir Aufsätze und Reden abquälen. Ich will meine Arbeit tun und sie mir erleichtern mit abscheulichem Gelächter, freudlos, hart, tot. Freitag, Samstag, Sonntag, Montag, nicht ein Augenblick, keine Gelegenheit, nicht eine Möglichkeit, vier Ewigkeiten: O grausam, grausam, grausam, grausam, hast Du denn gar kein Herz?

B. B. S.

Franz Kafka an Milena Jesenská

Montag

Natürlich, schlafen sollte ich gehn, ein Uhr nachts ist es, längst hätte ich Dir abends geschrieben, aber Max war hier, auf den ich mich doch sehr gefreut habe und zu dem zu gehen mich bisher das Mädchen und die Sorge, die ich des Mädchens wegen habe, gehindert haben. Bis halb neun war ich mit dem Mädchen zusammen, um neun hatte sich Max angesagt, dann sind wir halb eins herumgegangen. Denke, was ich blendend klar in den Briefen an ihn gesagt zu haben glaubte, daß Du Du Du – wieder hört das Schreiben ein wenig auf –, daß Du es bist, von der ich spreche – er hat es nicht erkannt, erst jetzt hat er den Namen erfahren (ich hatte allerdings nicht grob deutlich geschrieben, weil immerhin die Frau die Briefe lesen konnte). Das Mädchen: Heute war es besser, aber um den hohen Preis, daß ich ihr erlaubt habe, Dir zu schreiben. Es reut mich sehr. Ein Zeichen meiner Angst um Dich ist das Telegramm, das ich heute ans Postamt für Dich geschickt habe (»Mädchen schreibt Dir antworte freundlich und « – hier hatte ich eigentlich ein »sehr« einfügen wollen – »streng und verlaß mich nicht«). Im ganzen verlief es heute ruhiger, ich überwand mich, friedlich von Meran zu erzählen, die Stimmung wurde weniger drohend. Aber als wieder die Hauptsache zur Sprache kam – lange Minuten zitterte das Mädchen neben mir auf dem Karlsplatz am ganzen Körper – konnte ich doch nur sagen, daß neben Dir alles andere, mag es auch an sich unverändert bleiben, verschwindet und nichts wird. Sie stellte ihre letzte Frage, gegen die ich immer wehrlos gewesen bin, nämlich: »Ich kann nicht weggehen, schickst Du mich aber fort, dann gehe ich. Schickst Du mich fort?« (Irgend etwas, vom Hochmut abgesehen, tief Abscheuliches steckt darin, daß ich das erzähle, aber ich erzähle es aus Angst um Dich. Was täte ich nicht aus Angst um Dich. Sieh doch, was für eine merkwürdige neue Angst). Ich antwortete: »Ja.« Darauf sie: »Ich kann doch nicht gehn.« Und nun begann sie zu erzählen, über ihre Kraft gesprächig, das gute liebe Wesen, daß sie das alles nicht begreife, daß Du Deinen Mann liebst und im geheimen mit mir sprichst u.s.f. Es liefen, um die Wahrheit zu sagen, auch böse Worte über Dich mit, für die ich sie hätte schlagen wollen und müssen, aber mußte ich sie nicht sich ausklagen lassen, wenigstens dies? Sie erwähnte, daß sie Dir schreiben will, und ich in meiner Sorge um sie und meinem unendlichen Vertrauen zu Dir erlaubte es, trotzdem ich wußte, daß es mich ein paar Nächte kosten wird. Gerade daß die Erlaubnis sie beruhigt hat, beunruhigt mich. Sei freundlich und streng, aber mehr streng als freundlich, aber was rede ich, weiß ich denn nicht, daß Du das Richtige schreiben wirst, was zu schreiben ist. Und ist meine Angst, daß sie in ihrer Not etwas Hinterlistiges schreiben und Dich damit gegen mich beeinflussen könnte, nicht tief entwürdigend für Dich? Es ist entwürdigend, aber was soll ich tun, wenn mir statt des Herzens diese Angst im Leibe klopft? Ich hätte es doch nicht erlauben sollen. Nun, morgen sehe ich sie wieder, es ist Feiertag (Hus), sie hat mich so sehr um einen Ausflug am Nachmittag gebeten, die ganze übrige Woche, sagte sie, werde ich nicht mehr kommen müssen. Vielleicht kann ich sie noch von dem Brief abbringen, wenn sie ihn nicht schon geschrieben hat. Aber, sagte ich mir dann: vielleicht will sie wirklich nur eine Erklärung, vielleicht wird Dein Wort sie gerade durch seine freundliche Strenge beruhigen, vielleicht gar – so laufen jetzt alle meine Gedankengänge – fällt sie vor Deinem Brief in die Knie.

Franz

Dienstag früh

Ein kleiner Schlag für mich: Ein Telegramm aus Paris, nach welchem ein alter Onkel, den ich allerdings im Grunde sehr lieb habe, der in Madrid lebt und schon viele Jahre nicht hier war, morgen abend kommt. Ein Schlag deshalb, weil es mir Zeit wegnehmen wird und ich alle Zeit und tausendmal mehr als alle Zeit und am liebsten alle Zeit, die es gibt, für Dich brauche, für das Denken an Dich, für das Atmen in Dir. Die Wohnung wird mir hier auch unruhig, die Abende unruhig, ich wollte anderswo sein. Vieles wollte ich anders und das Bureau wollte ich gar nicht, aber dann glaube ich wieder, daß ich Schläge ins Gesicht verdiene, wenn ich Wünsche ausspreche über diese Gegenwart hinaus, diese Dir gehörige Gegenwart.

Ich kann Dir irgendwie nichts mehr schreiben, als das was nur uns, uns im Gedränge der Welt, nur uns betrifft. Alles Fremde ist fremd. Unrecht! Unrecht! Aber die Lippen lallen, und das Gesicht liegt in Deinem Schoß. Eine Bitterkeit blieb aus Wien, darf ich es sagen? Oben im Wald am zweiten Tag, glaube ich, sagtest Du etwa: »Lange kann der Kampf mit dem Vorzimmer nicht dauern.« Und jetzt im vorletzten Meraner Brief schreibst Du von der Krankheit. Wie soll ich zwischen diesen zwei Dingen den

Ausweg finden. Ich sage das nicht aus Eifersucht, Milena, ich bin nicht eifersüchtig. Entweder ist die Welt so winzig oder wir so riesenhaft, jedenfalls füllen wir sie vollständig. Auf wen sollte ich eifersüchtig sein?

Iwan Goll an Claire Goll

Chailly, 15. September 1917

Hochgeliebte,

ich bin erschüttert, erhöht von Deinem Brief. O, nach solch einer Nacht der Qual, des Entsetzens, des Falls, des Sturzes nach Dir. Wieviel Leben hast Du mir gebracht. Ich war tot. Eine sinkende, graue Dachrinne. Klopfen, klopfen. Dämmerung. Angstschrei: o, nach solch einer Nacht der Qual. Du bist die rotflammende Fahne der Tage. Du bist die Erretterin der Menschheit. Alles muß für Dich hingehen, alles.

Ich komme bald, bald, bald. Hier kann ich schon nichts mehr tun, nach den ersten Wochen der Ruhe. Ich bin nicht für die Ruhe geschaffen. Ich muß die Erde graben mit meinen Nägeln, sie aufschürfen innen, Erde und Menschen.

Du, wir wollen »Menschen« werden: im Sinne, wie Du von den Franks sprichst. Fein übrigens, wie Du ihn psychologisch durchschaut hast: ganz, wie er mir in der Erinnerung vorschwebt. Kalte, kalte, zersetzende Augen besonders: nicht wahr?

Wieviel hast Du schon in Zürich erlebt? Und, ich erlebte es mit, da Du es mit mir so innerlich nacherlebtest. Dank. Bruno Götz: ist der was? Spuckte vor dem Krieg in »Jugend« und »Simpel« herum.

Ich bin mit meinem »Aufruf an die Geistigen« sehr zufrieden, immer noch. Direkte Inspiration. Vielleicht etwas für Rubiner. Ausbau, Fortsetzung und Verbesserung des letzten Artikels.

Außerdem zwei neue »Unterwelt-Gedichte«. Heute. Aber gestern, gestern: Noch Spuren von Dir. Heute bin ich leer, einsam, ausgepumpt. Gehe vielleicht, wenn es irgendwie angeht, nach St. Brex. Süße, noch einmal Kuß, Kuß, und dann – Sturz zu Dir. Bald. Bald. Ich schwelle vor Lust. Meine Eltern machen fein mit: Ich vertrete die F.Z. in Zürich. Kriege aber Geld von ihnen. Wir müssen viel haben. Wir müssen leben. Etwas werden. Denn bald, ich fühle es, kann Tod über mich kommen.

Warum? Diese Nacht sprach vom Tod.

Bitte, sag den Leuten nicht, daß der heutige Artikel in der F.Z. von mir ist; oder entschuldige mich für diesen sinnlosen Dreck. Bitte.

Ich freue mich, daß Du ein gutes Zimmer fandest. Ich wünsche Dir viel Sonne, viel Sterne, viel himmlisches Licht. Du mußt arbeiten, fest arbeiten, Du bist noch zu wenig. Wir müssen hoch. Brav(o).

Bitte, finde ein gutes Zimmer für mich. Preis egal.

Dieser Brief enthält mich ganz, ich liebe Dich, küsse Dich heiß

Iwan

Metz, 6. August 1936

O Herzelein,

der Wolkenbruch Deiner Tränen riß und wühlte heute früh in merkwürdiger Stunde die Grundmauern und dunklen Keller dieses Mutterhauses auf, in dem ich zum ersten Mal nach dreißig Jahren wieder als Sohn geschlafen hatte: Dein Brief, trächtig und schwer von zwanzigjährig verhaltener Liebe, berührte mein Leben, gerade als ich ein melancholisches Fazit zog.

Die eben erlebten schwarzen Tage – schwarz wie der Tischo Beav – ward ich heftig an Deine Liebe erinnert: ein helles hohes Tor aus meiner dumpfen Jugend heraus. Und erinnere Dich, mit welcher Kraft wie Inbrunst, mit welcher List und Verzweiflung ich um Dich gekämpft habe. Deshalb gibt es nur eine große Liebe im Leben: weil die menschliche Energie nicht zweimal zu so etwas ausreicht.

Durch Dich lernte ich die Gerüche der Blumen kennen, die Namen der Vögel, die Kindlichkeit der Frauen, die Lieder von Schumann, wie sie eine zitternde Kehle geweint hat ... durch Dich wurde ich erlöst von der Blindheit unserer Zeit und vom Fluch des Blutes, das damals die ganze Erde tränkte ...

Darum sieh, mein Herzelein! Weine nicht so unsinnige Tränen. Wir gehören zueinander bis zum Tod, der in keinem Fall *mehr* fern ist, sollte er noch vierzig Jahre auf sich warten lassen! Denn es gibt in einem Menschenleben gar nicht so viel zu erleben, wie man träumt. Nur das Erstmalige ist groß: jede Wiederholung verliert an Leuchtkraft und Glaubensstärke.

Aber wenn Du fragst, ob ich glücklich bin – in einer Zeit, in der Du fern, fern von mir, so traurig bist – kann ich es leider nicht leugnen, nicht ganz! Aber das kommt nicht daher, daß ich Dich nicht mehr liebend hegen darf, und auch nicht daher, daß ich andere besser lieben könnte – sondern von dem, was Dir immer so ein Rätsel war.

»Ich werde vergebens um Eintritt bitten vor Deinen Augen ... « schreibst Du. »Immer irrt man ab mit Dir und weiß nicht wohin.«

Könntest Du nicht dasselbe schreiben von den Augen einer Katze (die wir beide so oft gelobt, fast beneidet haben?).

Ich bin immer einsam gewesen, außer mit Dir. Meine ganze Jugend lang saß ich an einem Familientisch, an dem geschrien und geschimpft wurde: ich mußte mich évader, und baute heimlich meine arkadischen Hügel in mir auf.

So bin ich ein Einsamling geworden. Heute gerade merke ich, wie nötig diese Tarnung war und wieder wird.

Bei Dir habe ich einfach und mit warmen brennenden Augen gelebt. Hier werden sie wieder Glas.

Aber wie glücklich bin ich, wenn ich auf der Wiese wieder träumen kann, ohne Verschanzung, ohne die Ohren zuzuhalten. Daher mein Wesen, das nicht doppelt ist, sondern ein Gesicht und eine Maske hat.

Durch Härte wurde ich einsam. Ach, wenn ich nicht einsam sein muß und mich in unendliche Frauenwärme kuscheln kann, welche Weichheit tritt in meine Augen. Wie gebe ich mich gern, da ich immer verhalten war.

Aber paß auf die Nuance auf: »mich geben« ist etwa anderes als: »geben«. Wovon sprachen wir? Ob ich glücklich bin? Vielleicht doch deshalb, weil Du immer im Hintergrund meines Lebens stehst, Du mich beleuchtest, über mich leuchtest. Wenn Du nicht auf der Welt wärest, würde ich sicher der haltlose Wanderer sein, der längst in mir lauert. Du bist meine bouée und Du darfst das nie vergessen. Darum brauchst Du auch nie an unserer Liebe zu zweifeln, die so bewegt, aber so stetig ist wie das Meer

Dein Iwan

Claire Goll an Iwan Goll

Zürich, 17. September 1917

O Geliebter, Dein Brief! Wie war ich ganz in Deinem Tag und in Deinem Herzen! Und wie weh tat die »Klammer« über meine Beine. Jetzt, da ich angefangen habe, Dich mit meiner ganzen Seele, mit meinem ganzen Vermögen zu lieben, jetzt, da ich zwischen all diesen Halbgeistern nach Deinem Blitz verlange wie nie, Du Auserwählter! Jetzt schlägst Du mir diese Wunde? Jetzt, da ich schon von dem Anblick Deines zukünftigen Zimmers lebe, das noch tot ist und mir doch schon wie ein Tempel, das mei-

21.
»Der verschossene Köcher«. Moderne variierte Nachzeichnung nach einem galanten Stich von P. A. Baudouin (1723–1769).

nen Gott enthalten soll? Fühlst Du denn nicht, daß ich Dich niemals wahrer und geistiger lieben könnte als in der Verzweiflung jener Freitagsnacht, die uns beide nacheinander schreien ließ, die uns in die Knie warf, weil sie erkannte, daß es eine Versündigung ist wider den heiligen Gott, wenn zwei, die ein ewiger Sonntag verband, sich von einem Werktag trennen lassen!

O Du, wie ich Dich liebe! Nein, wie ich Dich lieben will! Es braucht ja wirklich keine Gegenwart dazu, es genügt das Bewußtsein, das wir voneinander haben, denn zur selben Zeit, als Marianne sagte: »Die Liebe darf nur Hintergrund sein etc.«, entwickelte ich Rubiner, der auf Grund meines Aufsatzes »Die Stunde der Frauen« mit seiner Frau ein geistiges Interview mit mir anstellte, ungefähr dasselbe. (Es wäre zu weitschweifig, es zu entwickeln.) Ich habe gleich ein Rendez-vous mit Prof. Feilbogen, dem Herausgeber der »Internationalen Rundschau«.

Heute mittag: Essen Rigiblick: Rubiner, Lewin, der rote Volksdichter Volkart mit Frau. Beide entzückende Menschen. Luden mich ein. Ich sagte, ich käme mit Dir in der allernächsten Zeit. Du bist freudigst mit eingeladen. Er kannte das: Requiem. Wo ich hinkomme, als Studer vorgestellt werde, heißt es sofort: »Claire Studer?« Dann ist man sofort Familie.

Du, Du, ich küsse demütigend und befehlend Deine Hände, daß sie bald kommen mögen.

Liane

Am Montag

Dein Zimmer ist herrlich, ich habe es mit Liebe gesucht.

13. August 1935, Sonntag
Hotel du Château Challes-les-Eaux

Mein Iwan,
es ist jetzt 6½ Uhr, und ich suche Dich hinter dem unendlich zarten durchsichtigen Kristall der italienischen Bergkette, die mitsamt dem innigen Tal, das Du einmal zeichnetest, von meinem Fenster umrahmt wird. Ich bin ganz allein in einem süßen, verwunschenen Häuschen mit Garten, und der einzige erste Stock, in dem ich wohne, hat ein Zwillingszimmerchen, das Du hättest bewohnen können und in dem ich Dich geliebt hätte, so zärtlich, rein und von Anfang an . . . Ich weiß das heute so stark und

gewiß wie seit langem, langem nicht mehr. Ach Guter, Du mit dem feinen, schwingenden Herzen, warum erkenne ich immer erst aus der Ferne Deinen einzigartigen Wert, Deine dichtende Seele, Deine Liebe, die unerschöpflich ist? Verzeih mir so vieles, Du, und spüre, daß ich Deine heute von dem niedersten aller Hauswirte oder vielmehr Hausknechte so beleidigten Hände hingebend und demütig küsse und wieder küsse. Ach, daß Du doch glücklich dort im sonnigen Sori sein möchtest. Ich *will* Dein armes Gesicht strahlend wissen. Nur eines kann all meine Tränen trocknen, ein Wort von Dir: »Ich bin glücklich!« Schick es mir bald das Wort und laß Dich fest und lange auf den Mund küssen von
Deinem Dir ewig gehörenden

Susu

Anhang

1. Textgestaltung

Der Text der älteren Briefe wurde leicht modernisiert, d. h. der heute gebräuchlichen Orthographie und Interpunktion angeglichen, der Wortgebrauch jedoch belassen. Abweichend davon wurden Goethes Brief an Christiane Vulpius, Hölderlins Brief an Susette Gontard und Beethovens Brief an die »Unsterbliche Geliebte« in der Originalschreibweise wiedergegeben.

Auslassungen aus dem Originaltext sind durch eckige Klammern und Auslassungspunkte gekennzeichnet.

Abkürzungen in den Briefen wurden in eckigen Klammern ausgeschrieben, soweit sie mißverständlich erschienen.

Anrede und Unterschrift sind nur dann wiedergegeben, wenn sie auch im Original vorhanden waren.

Alle Hervorhebungen, Kursivierungen entsprechen der Originalvorlage.

2. Anmerkungen zu den Briefen

Pierre Abaelard (1079-1142), scholastischer Theologe und Philosoph, seit 1113 Leiter der Schule von Notre-Dame, und seine Schülerin Hêloïse (um 1100-1163) waren das berühmteste Liebespaar des Mittelalters. Abaelard lernte die Siebzehnjährige im Hause ihres Onkels kennen und verliebte sich in sie. Sie gebar ihm einen Sohn, Astrolabius, woraufhin er ihr die Ehe versprach. Hêloïses Onkel, der Pariser Kanoniker Fulbert, ließ 1118 Abaelard aus Rache entmannen, der bald darauf als Mönch in die Abtei St.-Denis eintrat. Gleichzeitig nahm Hêloïse den Schleier. – Abgedruckt ist der erste Brief von Hêloïse aus einem umfangreichen Briefwechsel, der über das persönliche Schicksal hinaus theologische Fragen behandelt. 1123 gründete Abaelard in einer Einsiedelei bei Nogent-sur-Seine ein Oratorium, das er Paraklet nannte.

Pietro Bembo (1470-1547), italienischer Humanist und Dichter, von 1539 an Kardinal, führte, obgleich er dem geistlichen Stand angehörte, das Leben eines reichen jungen Nobile. Nach Beendigung seiner Studien lernte er *Lucrezia Borgia,* die Gemahlin Alfonsos, des jungen Sohnes des regierenden Herzogs von Ferrara, kennen. Bald entwickelte sich ein reger persönlicher und brieflicher Verkehr zwischen Bembo und der Herzogin, bis beide eine leidenschaftliche Neigung zueinander faßten. Die »lettere giovenili e amorose di M. Pietro Bembo« bilden die geheime Liebeskorrespondenz Bembos mit Lucrezia. Die Beziehungen der beiden waren ein öffentliches Geheimnis und auch Alfonso nicht unbekannt geblieben. Bembo sah sich daher genötigt, im Oktober 1503 Ferrara zu verlassen und in seine Heimatstadt Venedig zurückzukehren. Er hielt jedoch den Briefwechsel mit seiner Geliebten aufrecht.

Der Brief von *Beatrice da Ferrara,* aus Rom geschrieben, an *Lorenzo II. de'Medici* (1492–1519), seit 1513 Regent von Florenz, 1516 Herzog von Urbino, der gerade verwundet im Krankenhaus von Ancona lag, ist einer aus dem Anfang des 16. Jahrhunderts stammenden Sammlung florentinischer Kurtisanenbriefe entnommen. Beatrice bewohnte mit anderen Kurtisanen zeitweilig ein Haus an der Stadtmauer von Florenz, das Filippo Strozzi als Freudenhaus für seine Freunde – reiche Müßiggänger und Adlige – eingerichtet hatte. Beatrice benutzte die derbsten Ausdrücke, die sie jedoch nicht ausschreibt, sondern nur durch Punkte andeutet.

Die Liebesbriefe *Heinrich VIII.* von England an *Anna Boleyn* gelangten früh in den Besitz der Vatikanischen Bibliothek. Anna Boleyn (um 1504–1536) wurde im Januar 1533 noch vor der Ungültigkeitserklärung der ersten Ehe des Königs von Heinrich VIII. zu seiner Gemahlin erklärt, bald nach der Geburt Elizabeths des wiederholten Ehebruchs und der Blutschande beschuldigt und in den Tower geworfen. Obwohl sie ihre Unschuld beteuerte, wurde sie am 15. Mai 1536 schuldig gesprochen und am 19. Mai enthauptet. Abgedruckt wird hier der letzte Brief Annas an den König.

Gaspara Stampa (1523–1554) ist die bekannteste Frauengestalt und Dichterin der italienischen Renaissance. Sie galt als die Sappho ihrer Zeit. In über zweihundert Sonetten (*Rime,* 1554) besang sie ihre unglückliche Liebe zu dem *Grafen Collaltino di Collalto.* Bald verließ er sie jedoch und ging im Dienst Heinrichs II. nach Frankreich, wo er sie über anderen Frauen vergaß. Aufgenommen ist hier die Widmung der Ausgabe ihrer Gedichte an den Grafen.

Der sechsundzwanzigjährige Reiterkapitän *Noël Bouton Marquis de Chamilly* kämpfte 1664 auf portugiesischer Seite gegen Spanien und lernte in seinem Standquartier in Beja die Nonne *Marianna Alcoforado* kennen. Drei Jahre währte das Liebesverhältnis, das 1667 ein Ende fand, als er Portugal wieder verließ. Daraufhin schrieb ihm seine Geliebte vom Dezember 1667 bis Juni 1668 fünf verzweifelte Briefe, aber Chamillys Liebe war erloschen. Er rühmte sich laut seines Abenteuers und ließ später die Briefe durch Pierre Girardin de Guilleraques ins Französische übertragen und drucken. Die Briefe hatten einen außerordentlichen Erfolg; es erschienen zahlreiche Nachahmungen bis ins 18. Jahrhundert hinein. Hier handelt es sich um den ersten der fünf echten Briefe in der Übertragung von Rainer Maria Rilke.

Ninon de Lenclos (1620–1705), französische Kurtisane, berühmt wegen ihrer Schönheit und Bildung, unterhielt zahlreiche Verbindungen mit bedeutenden Persönlichkeiten (Scarron, Molière, La Rochefoucauld u.a.), wurde mit ihren galantfrivolen Briefen über die hohe Kunst der Liebe berühmt. Die kapriziöse Ninon unterrichtete im Alter von sechsundfünfzig Jahren den jungen *Marquis de Sévigné* in der galanten Kunst. Mit ihren Briefen, die ein Sittenbild und Zeitdokument des klassischen Frankreich sind, weist sie sich als eine der geistvollsten Gelegenheitsschriftstellerinnen ihres Jahrhunderts aus.

Sophie Dorothea von Braunschweig-Lüneburg-Celle (1666–1726), war seit 1682 mit dem leichtlebigen Kurprinzen Georg von Hannover verheiratet. Da ihr Ehemann sie vernachlässigte, entwickelte sich zwischen ihr und dem Grafen *Philipp Christoph von Königsmarck* (1662–1694) eine leidenschaftliche Beziehung, die jedoch entdeckt und vom hannoveranischen Hof bekämpft wurde. In der Nacht vom 1./2. Juli 1694 wurde Königsmarck schließlich ermordet, Sophie Dorothea blieb bis zu ihrem Tod auf Schloß Ahlden verbannt.

Charles-Louis de Secondat, Baron de Montesquieu (1689-1755), französischer Schriftsteller, Rechts- und Geschichtsphilosoph, gibt in seinen anonym erschienenen »Persischen Briefen« eine durch die fiktive Briefform relativierte und dadurch getarnte, geistvoll ironische, kühne Zeitkritik an Europa, besonders Frankreich. Die Briefe gliedern sich in drei Gruppen: die einer stimmunggebenden Rahmenerzählung, in der das Leben und Treiben in einem persischen Harem, Eifersüchteleien, Falschheit und Sühne geschildert werden; satirische Briefe, die das gesellschaftliche, literarische, politische und religiöse Leben Frankreichs unter dem alternden Ludwig XIV. und der Regentschaft für den unmündigen Ludwig XV. geißeln, und schließlich wissenschaftliche, geschichtliche, religiöse und politische Unterhaltungen.

François-Marie Voltaire (1694-1778) geriet früh in einen Kreis, der ihn jeder Art von Respekt vor kirchlich-dogmatischen Glaubensautoritüäten entwöhnte und seine Begabung zur witzig epigrammatischen Schärfe förderte. Diese satirische Ader trug ihm dreimal eine Ausweisung aus Paris ein, elf Monate Bastille-Haft, Verabschiedung nach zwei Jahren Aufenthalt bei Friedrich dem Großen. 1734 floh er wegen Verurteilung seiner »Lettres anglaises« nach Cirey (Champagne) zum Schloß seiner Freundin *Emilie Marquise du Châtelet,* wo er bis 1744 ein mondänes, den Naturwissenschaften, der Metaphysik und Geschichte gewidmetes Leben führte. Madame du Châtelet war in leidenschaftlicher Liebe zu Voltaire entbrannt.

Marie Louise (1712–1790), die Nichte Voltaires (Tochter seiner Schwester Catherine), heiratete 1738 den königlichen Rat Nicolas Charles Denis und verliebte sich bald darauf in Cirey in ihren Onkel, der ihr Gefühl erwiderte.

Louise d'Epinay (1726–1783), französische Schriftstellerin, war mit vielen berühmten Zeitgenossen befreundet, darunter auch Jean-Jacques Rousseau, dem sie 1755 auf ihrem Gut Lachevrette eine Wohnung, die berühmte Eremitage, einrichten ließ. – Der wiedergegebene Brief ist an ihren Geliebten, den französischen Schriftsteller Dupin de Francueil gerichtet, mit dem sie seit der Trennung von ihrem Mann zusammenlebte.

Marie Jeanne Dubarry, geb. Vaubernier (1746–1793), arbeitete zunächst als Putzmacherin, war dann unter den Namen Demoiselle L'Ange und Lançon Freudenmädchen und fand in Adelskreisen Zutritt. 1769 wurde sie vom Grafen Dubarry, dessen Geliebte sie war, *Ludwig XV.* vorgestellt. Pro forma mit Dubarrys Bruder Guilleaume verheiratet, nahm sie bald darauf am Hof die Stellung der Marquise de Pompadour ein und übte großen Einfluß auf die Politik aus. Nach dem Tod Ludwigs XV. wurde sie vom Hof in eine Abtei bei Meaux verwiesen, 1793 royalistischer Umtriebe angeklagt und hingerichtet. Die 1779 in Paris erschienene Briefsammlung der Gräfin Dubarry ist vermutlich unecht. Die Briefe sind der ersten deutschen Übersetzung dieser Sammlung entnommen, erschienen 1780 in Amsterdam.

Marie Anne Marquise du Deffand, die einen berühmten Salon führte, verfiel in ihren letzten Lebensjahren hoffnungslos dem weltmännischen englischen Schriftsteller und Kunstsammler *Horace Walpole* (1717–1797). Ihre lebendig geschriebenen Briefe sind ein Sittenspiegel des galanten Zeitalters.

Jean-Jacques Rousseau (1712–1778) entfachte in der Spätphase der Aufklärung mit seinen Schriften ein neues, befreiendes Lebensgefühl, indem er das Recht der fühlenden Seele verkündete, das Prinzip des intuitiven Sehens erneuerte und so die jahrhundertealte Rangordnung von Vernunft und Affekt umkehrte. In seinem Privatleben strandete er jedoch. Seine fünf Kinder aus der Ehe mit Thérèse Le Vasseur brachte er im Findelhaus unter, Freundschaften zerbrachen. In *Sarah* umwarb der alternde, kranke Schriftsteller ein dreißig Jahre jüngeres Mädchen, über dessen Herkunft und Leben uns nichts bekannt ist.

Julie de Lespinasse (1732–1776), Erzieherin, ging 1752 nach Paris, wo sie mit D'Alembert (1717–1783), dem Schriftsteller und Mitherausgeber der Encyclopédie, zusammenlebte, bis sie sich in den Grafen Mora verliebte. Als dieser nach Spanien zurückkehrte, ging sie ein Verhältnis mit Oberst *Jacques Antoine de Guibert* ein.

Katharina II., die Große, (1729–1796), hochgebildet im Geiste der zeitgenössischen Aufklärung, in persönlicher Verbindung mit den französischen Enzyklopädisten, bekannt als »Mutter des Vaterlandes« und als Sozial- und Verfassungsreformerin, prägte den russischen Hof nicht nur durch ihre geistigen Ambitionen und ihre Kunstinteressen, sondern auch durch ihre erotische Passion, die ihr eine lange Reihe von Liebhabern zuführte. Einer ihrer prominentesten Liebhaber war jener *Fürst Potemkin,* der die sprichwörtlich gewordenen Potemkinschen Dörfer erfunden haben soll.

Ein Jahr nach dem Tod des bedeutenden französischen Staatsmanns wurden die Briefe von *Honoré Gabriel Victor Riquetti, Comte de Mirabeau* (1749–1791), an *Sophie Monnier,* der jungen Frau des Grafen Monnier, als Folge einer Indiskretion veröffentlicht. Sie enthüllen eine höchst abenteuerliche Liebesgeschichte.
Mirabeau war mit Sophie nach Holland geflüchtet, wo beide verhaftet wurden.

Man kerkerte Mirabeau drei Jahre lang im Schloß von Vincennes ein, Sophie gebar im Kloster von Gien ein Kind. Der Briefwechsel entstand während der Haft.

Giacomo Casanova (1725–1798), italienischer Abenteurer, Frauenheld und Schriftsteller, ab 1785 Bibliothekar des Grafen Waldstein in Dux, Nordböhmen, wo er seine zahlreiche, erotische Abenteuer enthaltenden Memoiren schrieb (1791–1798). – Der hier wiedergegebene Brief ist an eine der beiden Töchter Lambergs gerichtet: *Maria Josefa* (geb. 1766), vermählt mit Franz Frhr. v. Hofmühlen oder *Maria Walpurga* (geb. 1767), verheiratet mit Klemens Graf von Nyss.

Johann Wolfgang Goethe (1749–1832) neigte in seinen Liebesbeziehungen – wie seine Liebesbriefe dokumentieren – zu großer Abwechslung. Auf Käthchen Schönkopf folgten Friederike Brion, Charlotte Buff, Frau von Stein und schließlich *Christiane Vulpius* (1765–1816), mit der er seit 1788 zusammenlebte, die ihm den Haushalt führte und 1789 einen Sohn, August, gebar. 1806 wurde sie ihm angetraut.

Josephine de Beauharnais (1763–1814), Kaiserin der Franzosen, war in erster Ehe mit Vicomte Alexandre de Beauharnais verheiratet. Nach dessen Hinrichtung im Jahre 1794 lebte sie in ärmlichen Verhältnissen, bis sie 1796 *Napoleon Bonaparte* (1769-1821) heiratete. In seinen frühen Briefen an Josephine zeigte sich Napoleon ganz als der ungestüme, eifersüchtige Korse. Zur Eifersucht hatte er bei der temperamentvollen Josephine oft Grund, da sie nicht viel von Treue hielt.

Friedrich Hölderlin (1770-1843) ging im Dezember 1795 nach Frankfurt, um im Hause des Bankiers Gontard eine Stelle als Hauslehrer anzutreten. Er verliebte sich in *Susette Gontard,* die Mutter seines Schülers Henry. Susette wurde Hölderlins Diotima. Nach einer Auseinandersetzung mit dem Bankier verließ er das Gontardsche Haus für immer, kurz darauf versank er in geistige Umnachtung.

Charlotte von Kalb (1761–1843) war Liebesglück von langer Dauer nicht beschert. Nachdem sie sich 1789 von Schiller getrennt hatte, lernte sie Hölderlin kennen, der auf Schloß Waltershausen, dem Sitz ihres Mannes, des Majors von Kalb, den »Hyperion« schrieb. Aber auch Hölderlin ging seinen Weg. Anschließend begegnete sie *Jean Paul,* zu dem sie in glühender Leidenschaft entbrannte.

Caroline Schelling, geb. Michaelis (1763–1809) heiratete 1784 den Bergarzt J. W. F. Böhmer. Nach dessen Tod 1788 lebte sie in Göttingen und Marburg und ging 1790 nach Mainz, wo sie Georg Forster und den mit der revolutionären französischen Besatzungsmacht sympathisierenden Klubbisten nahetrat. Deswegen wurde sie 1793 in Königstein gefangengesetzt. Später hatte sie freundschaftliche Beziehungen zu Friedrich Schlegel, bis sie sich 1796 mit August Wilhelm Schlegel vermählte. Nach friedlicher Trennung von ihrem zweiten Gatten (1801) heiratete sie 1803 den Philosophen *Friedrich Wilhelm Schelling* und folgte ihm nach

Würzburg. Caroline Schelling ist eine der bedeutendsten Frauengestalten der deutschen Frühromantik.

Clemens Brentano (1778–1842) einer der bedeutendsten Spätromantiker, heiratete zwar 1803 die Schriftstellerin Sophie Mereau, fühlte aber eine tiefe Neigung zu *Karoline von Günderode* (1780–1806), eine phantasiereiche romantische Schwärmerin von stark melancholischen Zügen, die romantisch-klassizistische Lyrik und ekstatische Dramen schrieb. Das Glück des Zusammenlebens war aber den beiden nicht beschieden: Brentano war mit Sophie Mereau unglücklich verheiratet und Karoline von Günderode stürzte sich in ein mindestens genauso unglückliches Verhältnis mit dem Heidelberger Mythologen F. Kreuzer.

Ludwig van Beethovens (1770–1827) zu immer Neuem, Vollkommenerem drängende Natur spiegelt sich auch in seinem von rastlosem Finden und Aufgeben geprägten Verhältnis zu Frauen wider. Unter der Einsamkeit der Ehelosigkeit zu leiden, entsprach seiner Natur ebenso wie die Notwendigkeit, einsam zu bleiben. Man weiß nicht, wer die Geliebte war, die durch diesen Brief unsterblich wurde. Es ist nicht auszuschließen, daß es sich um Therese Brunswick handelte. Den Brief sandte Beethoven nie ab.

Bettina von Arnim, geb. Brentano (1785–1859), die Schwester Clemens Brentanos, seit 1811 mit Achim von Arnim verheiratet, eine der genialsten Frauen der deutschen Romantik, lernte durch ihre enge Freundschaft mit Frau Aja, Goethes Mutter, als junges Mädchen den Dichter kennen und verliebte sich in ihn. Von Juni 1807 bis Mai 1811 fand ein intensiver Briefwechsel statt, der später als »Goethes Briefwechsel mit einem Kinde« (1835, 3 Bde.) erschien. 1811 brach eine ernsthafte Kontroverse zwischen der schwärmerischen Bettina und Christiane Vulpius aus, der erst 1814 eine Aussöhnung folgte.

Während *Heinrich von Kleist* (1777–1811) in den Briefen an seine Verlobte Wilhelmine von Zenge sich unentschlossen zeigte, eine enge Bindung einzugehen, war ihm mit *Henriette Vogel,* die er uneingeschränkt liebte, das langersehnte Glück beschieden. Doch es war nicht von langer Dauer: Am 21. November 1811 erschossen sich Kleist und Henriette am Ufer des Wannsees.

Clara Mary Jane Clairmont, die Stiefschwester der Gattin Shelleys, war in leidenschaftlicher Liebe zu dem englischen Dichter *Lord Byron* (1788–1824) entbrannt. Die herkömmliche Sitte mißachtend, verfolgte sie ihn mit ihren Briefen.

Klemens Wenzel Fürst Metternich (1773–1859) schrieb 1818: »Und dabei behaupten die Leute, daß ich nicht lieben könnte!« Mit fünfundvierzig Jahren lernte er die *Fürstin Dorothea Lieven* kennen, die ehemalige Gefährtin Talleyrands. Vier Jahre lang unterhielt Metternich eine enge Beziehung zu ihr.

Lord Byron begegnete im Jahre 1818 der achtzehnjährigen Gräfin *Teresa Guiccioli* – drei Tage nach ihrer Hochzeit mit einem der reichsten Großgrundbesitzer der Romagna. Zwischen Byron und der Gräfin entspann sich bald eine intime Freundschaft. Als sie mit ihrem Mann von Venedig nach Ravenna zog, folgte ihr Byron, da die Gräfin erkrankt war. Im August 1819 reiste er dem Paar nach Bologna nach. Darauf begleitete die Gräfin ihn nach Venedig zurück, wo sie in seiner Villa in La Mira wohnte. Graf Guiccioli forderte nun seine Gattin auf, zu ihm zurückzukehren, und Byron überredete sie dazu. Wiederum erkrankte die Gräfin, und auf Bitten ihres Vaters folgte ihr nun Byron als anerkannter Liebhaber nach Ravenna. Im Juli 1820 wurde die Ehe durch den Papst aufgelöst. Bis zu seiner Einschiffung nach Griechenland (1823) lebte Byron in der Nähe Genuas mit Teresa zusammen.

»Drei kleine Bändchen Gedichte, eine tiefe Liebe und ein frühzeitiger Tod« haben Keats nach dem Ausspruch seines Biographen Lord Houghton berühmt gemacht. *John Keats* (1795–1821) ist einer der bedeutendsten Lyriker der englischen Romantik. Seine Briefe an *Fanny Brawne,* von fieberhafter Sinnlichkeit geprägt, gehören zu den ergreifendsten der Weltliteratur.

Victor Hugo (1802–1885), der durch seine romantische Lehre vom Sehertum des Dichters und seine Lyrik im 19. Jahrhundert das literarische Leben in Frankreich entscheidend geprägt hat, kannte *Adèle Foucher,* die Tochter von Freunden seiner Eltern, seit der Kindheit, aber erst am 26. April 1819 gestanden sie sich gegenseitig ihre Liebe. Kurz darauf schrieb er ihr Liebesbriefe, die er mit »Dein Ehemann« oder »Dein treuer und ergebener Ehemann« unterzeichnete. Beträchtliche Schwierigkeiten wurden den Liebenden in den Weg gelegt: Victor Hugos Zukunft war ungewiß, und Adèles Vater widersetzte sich dieser Verbindung. Oft waren sie wochenlang getrennt, aber ihre Briefe legen Zeugnis von der Intensität ihrer Beziehung ab.

Alexander Puschkin (1799–1837) heiratete im Alter von dreißig Jahren die neunzehnjährige *Natalja Nikolajewna Gontscharowa.* Obwohl er als eingefleischter Junggeselle sich nicht allzuviel von der Ehe versprach, stellte sich bald heraus, daß Natalja mit ihrer Vergnügungssucht und Freude an Intrigen Puschkins schlimmste Befürchtungen übertraf. 1837 wurde er – wahrscheinlich ihretwegen – im Duell getötet.

Honoré de Balzac (1799–1850), der Gründer des soziologischen Realismus im modernen Roman, hatte zahlreiche Frauenfreundschaften und Liebesverhältnisse, die in seiner literarischen Produktion ihren Niederschlag gefunden haben. Am bekanntesten ist sein Verhältnis mit *Eva Hanska,* der Gattin eines in Rußland begüterten polnischen Adligen. Balzacs Romane, die sofort nach ihrem Erscheinen in Österreich und Rußland eifrige Leser fanden, erschlossen ihr eine neue Welt verwandter Frauenschicksale, und so reifte eines Tages der Entschluß in ihr, sich mit dem berühmten Romancier, der die Frauen so gut zu kennen schien, brieflich in Verbindung zu setzen. Der 28. Februar gilt als Schicksalstag im Leben Balzacs: Durch die Vermittlung seines Verlegers Gosselin ging ihm ein Brief von einer Unbekannten – Eva Hanska – zu, die ihrer Bewunderung für den Schriftsteller lebhaften Ausdruck gab und der mit »die Fremde« unterzeichnet war. Achtzehn Jahre lang unterhielt er mit ihr einen Briefwechsel, der ein dramatisches Zwiegespräch mit der Geliebten ist, unterbrochen durch kurze Begegnungen und Besuche. Balzac heiratete Eva Hanska wenige Monate vor seinem Tod.

George Sand (eigentlich Amantine Aurore Dudevant, geb. Dupin, 1804–1876) legte sich in Anlehnung an den Schriftsteller Jules Sandeau, mit dem sie 1832 gemeinsam den Roman »Rose et Blanche« unter dessen Namen herausgab, das Pseudonym George Sand zu. 1833 lernte die Gefährtin Liszts und Chopins in Venedig den französischen Schriftsteller *Alfred de Musset* (1810–1857) kennen. Die heftige Leidenschaft, der sich die beiden hingaben, endete 1835 in einer von George Sand immer wieder glühend beschworenen Freundschaft, die bald schwesterlicher, bald mütterlicher Natur war.

1834 begann der Briefwechsel zwischen dem russischen Politiker und Schriftsteller *Alexander Iwanowitsch Herzen* (1812–1870) und *Natalja Zacharin,* als Herzen wegen revolutionärer Umtriebe verhaftet und nach langer Untersuchungshaft nach Sibirien verbannt wurde. Der Briefwechsel, geprägt vom Bild einer verklärten, überaus schwärmerischen Liebe, erstreckt sich über mehr als drei Jahre, bis zur Rückkehr Herzens nach Moskau. Bald darauf heirateten die beiden; die Ehe war aber nicht glücklich, weil sie nicht in der Lage waren, die sich in den Briefen widerspiegelnden Vorstellungen von einem idealen Zusammenleben zu verwirklichen.

Die Briefe von *Robert Schumann* (1810–1856) und *Clara Wieck* (1819–1896) gehören zu den bewegendsten Zeugnissen aus dem Leben zweier großer Persönlichkeiten, die der Leidenschaft füreinander ebenso verfallen waren wie ihrer gemeinsamen Leidenschaft für die Musik. Im Hause des Klavierlehrers Friedrich Wieck lernte er dessen Tochter Clara kennen, eine hochbegabte Pianistin. Verzweifelt kämpfte er um seine Verbindung zu ihr in einem dramatischen Kampf gegen Claras Vater, der mit allen erdenklichen öffentlichen Verleumdungen und Angriffen gegen Schumann die Liebe des Paares zu vereiteln versuchte. Nach beinahe acht Jahren Auseinandersetzungen gelang es dem Komponisten, eine gerichtliche Anerkennung seiner Verbindung mit Clara Wieck zu erzwingen: Sie heirateten im September 1840.

Der englische Schriftsteller *Robert Browning* (1812–1889) und die Schriftstellerin *Elizabeth Barrett* (1809–1861) waren das berühmteste Liebespaar Englands im 19. Jahrhundert. Nach ihrer Heirat (1846) ließen sie sich in Florenz nieder, wo sie fünfzehn Jahre lang in der Casa Guidi bis zum Tod der Dichterin lebten. Der Briefwechsel – das Zeugnis einer ungewöhnlichen Liebe – wurde bald nach der Veröffentlichung berühmt.

Charles Baudelaire (1821–1867) begegnete 1847 der Schauspielerin *Marie Daubrun* im Atelier eines Malers, von dem sie sich porträtieren ließ, und verliebte sich in sie. Während sein Liebesverhältnis mit der geheimnisvollen Mulattin Jeanne Duval, das er in zahlreichen Gedichten besungen hat, von stürmischer Leidenschaft bestimmt war, sicherte die tiefe, zärtliche Liebe zu Marie Daubrun sein seelisches Gleichgewicht.

Der französische Romanschriftsteller *Gustave Flaubert* (1821–1880) hatte von 1846 bis 1853 eine Beziehung zu *Louise Colet,* der Frau, auf die Du Champ das Epitaph dichtete: »Hier liegt die, welche Victor Cousin bloßgestellt, Alfred de Musset lächerlich gemacht, Gustave Flaubert verunglimpft und Alphonse Karr zu morden versucht hat. Sie ruhe in Frieden.«

In seiner Jugend leistete sich *Otto von Bismarck* (1815–1898) als »Junker auf Kniephof« allerlei Eskapaden, die ihm den Beinamen »der Tolle« eintrugen. Erst Jahre später, als er Deichhauptmann für das rechte Elbufer bei Jerichow war, entschied er sich für eine einzige Frau, *Johanna von Puttkamer,* die er heiß umwarb. Die Ehe dauerte achtundvierzig Jahre. 1884 bekannte der »eiserne Kanzler« am Sterbebett seiner Frau: »Was ich bin, hat meine Frau aus mir gemacht!«

Großen Einfluß auf das Schaffen von *Franz Liszt* (1811–1886) hat die *Fürstin Carolyne Sayn-Wittgenstein* ausgeübt, die sich durch außerordentliche Sensibilität und den Hang zur Mystik auszeichnete. Als nach jahrelangen Kämpfen ihrer Ehe keine Schwierigkeiten mehr in den Weg gelegt wurden, resignierte sie plötzlich und brachte Liszt so um die Ruhe seines Lebensabends.

Heinrich Heine (1797–1856) wußte kaum etwas von der Frau, die seine letzte Geliebte war und die er seine „Mouche" nannte. Sie selbst unterschrieb ihre Briefe immer wieder mit anderen Namen (Margareth, Margot, E. K.). Erst später wurde ihre Herkunft enthüllt: Die »Mouche« hieß *Elise Krinitz,* war 1826 als uneheliche Tochter des Grafen Nostiz und einer Gouvernante in Prag geboren und vom Bankier Adolf Krinitz und seiner Frau Emilie in Paris adoptiert worden. Unter dem Namen Camille Selden war sie dann als Schriftstellerin und Sprachlehrerin tätig. Sie starb 1896 in Orsay. 1884 veröffentlichte sie in Paris »Les derniers jours de Heinrich Heine«, ein Erinnerungsbuch an die letzten Tage von Heine.

Richard Wagner (1813–1883) lernte die verheiratete *Mathilde Wesendonck* kennen, als er vor seinen Gläubigern nach Zürich flüchtete. Zwischen ihnen entstand eine tiefe Neigung, die fünf Jahrzehnte währte. In ihr fand er sein Frauenideal verkörpert. Mathilde Wesendonck räumte Wagner 1857 eine kleine Villa als Wohnsitz ein, aber auf Verlangen Minna Wagners, seiner Frau, mußte er diese Zuflucht schließlich aufgeben.

Der englische Erzähler und Dramatiker *Oscar Wilde* (1856–1900) war der verwöhnte Liebling der Londoner Gesellschaft, bis er 1895 wegen Homosexualität zu zwei Jahren Zuchthaus verurteilt wurde. 1884 hatte er *Constance* geheiratet, zu der er auch dann noch eine große Neigung fühlte, als er sich in den jungen *Lord Alfred Douglas* verliebte und andere Männerbeziehungen einging.

Die italienische Schauspielerin *Eleonora Duse* (1858–1924) lernte im September 1894 den Schriftsteller *Gabriele d'Annunzio* (1863–1938) kennen. Für d'Annunzios Dichtung wurde die leidenschaftliche Bindung an Eleonora Duse von ausschlaggebender Bedeutung.

An einem Wintermorgen im Jahre 1906 lernte *Gabriele d'Annunzio* an der

Spanischen Treppe in Rom die Frau des Grafen M., eines Weingutbesitzers und Weinhändlers, kennen und verliebte sich sofort in sie. Er verlieh ihr den Namen der Fabelblume, der Liebesblume Ariosts, der unverwelklichen *Amaranta.* Noch am selben Tag reiste sie mit ihrem Gatten nach Florenz zurück, wo auch der Schriftsteller wohnte. D'Anunzio half seinem Glück ein wenig nach und traf sie im Theater und Konzert, auf Gesellschaften und Spaziergängen immer wieder. Sie zog sich aufs Land zurück, nach Giovi im Casentino, und es war wie eine Flucht. Doch seine ungestümen Briefe erreichten sie auch dort, auch aus der Ferne vermochte er es, sie in seinen Bann zu ziehen. Unvermittelt erkrankte Amaranta, wurde von Schwermut befallen und geriet in einen Zustand der Verwirrtheit. Tiefe Traurigkeit befiel d'Annunzio, der den Erinnerungen an die glücklichen Tage ihrer leidenschaftlichen Liebe nachhing.

Der Komponist *Gustav Mahler* (1860–1911), ein von innerem Zwiespalt gequälter Romantiker, ist von seiner Umwelt oft verleumdet und geschmäht worden. Er war ein einsamer, von innerer Zerrissenheit geplagter Geist, der in der Liebe *Alma Maria Schindlers* (1879–1964) sein zweites Ich fand, in einer Musikerin voll schöpferischer Begabung und ausschweifender Phantasie.

In seinem Briefwechsel mit der Schauspielerin *Stella Patrick Campbell* legt *George Bernard Shaw* (1856–1950) die gewohnte Maske des Sarkasmus ab und zeigt sich dem Leser in neuem Licht. Stella führte Shaws Briefe ihr Leben lang in einer Hutschachtel mit sich und weigerte sich, sie zu veräußern, obwohl sie in Geldnot war. Die Journalistin Agnes Claudius rettete nach Stellas Tod den Briefwechsel, indem sie vor dem Einmarsch der Deuschen 1942 die Hutschachtel von Südfrankreich nach England brachte.

Franz Kafka (1883–1924) traft 1920 während eines Kuraufenthalts in Wien mit der tschechischen Schriftstellerin *Milena Jesenskă-Pollak* (1896–1944) zusammen, die in einer zerrütteten Ehe lebte. Sein Verhältnis zur Übersetzerin seiner ersten Prosastücke ins Tschechische spiegelt sich vor allem in den »Briefen an Milena«. Kafkas Brief legt Zeugnis von einer fast tragischen Leidenschaft ab. Milena war nicht bereit, ihren Mann zu verlassen und ständig mit Kafka zusammenzuleben.

Iwan Goll (1891–1950), einer der bedeutendsten Lyriker des Expressionismus, der sich dann der Sinnbilder des Surrealismus bediente, mit Brēton, Eduard, Chagall verkehrte und in den zwanziger Jahren zu einer neuen Sachlichkeit der Aussage gelangte, heiratete die Lyrikerin und Übersetzerin *Claire Studes.* In Zusammenarbeit mit ihrem Mann schrieb sie Gedichte voll schwermütiger Traumgesichte mit mythischen Bildern. Den Höhepunkt ihres Schaffens erreichten Iwan und Claire Goll im »Zwiegespräch der Liebe« (1925), das ein Spiegel ihrer eigenen Liebe ist.

Quellenhinweise

Liebesbriefe historisch berühmter Personen. Ein Beitrag zur Kenntnis des menschlichen Herzens. I. Frankreich. Leipzig 1851.
(Heloïse an Abälard)
(Graf von Mirabeau an Sophie Monnier)

Italienische und englische Liebesbriefe, hg. v. Paul Seliger. Verlag Julius Zeitler, Leipzig 1908.
(Pietro Bembo an Lucrezia Borgia)
(Beatrice da Ferrara an Lorenzo de'Medici)
(Gaspara Stampa an den Grafen Collalto)
(Heinrich VIII. an Anna Boleyn)
(Natalja Zacharin an Alexander Herzen)
(Claire Clairmont an Lord Byron)

Liebesbriefe aus dem Rokoko. Ausgewählt und übersetzt von Alfred Semerau. Hyperionverlag, Berlin 1919.
(Emilie Marquise du Châtelet an den Herzog von Richelieu)
(Marie Anne Marquise du Deffand an Horace Walpole)
(Louise d'Epinay an Dupin de Francueil)
(Julie de Lespinasse an Jacques Antoine de Guibert)
(Jean-Jacques Rousseau an Sarah)

Briefe über die Galanterien von Frankfurt am Mayn in den Jahren 1795/96 und 97. In Briefen an S**. William Dodsley & Company, London 1795.

Sentimento del vivere ovvero Gabriele d'Annunzio.
Ed. Emilio Mariano. Arnoldo Mondadori Editore, Mailand 1962.
(Eleonora Duse an Gabriele d'Annunzio)

Gabriele d'Annunzio. Amaranta. Tagebuch einer Leidenschaft. Übersetzt und herausgegeben von Franz Wallner-Bastê. Karl H. Bischoff Verlag, Berlin/Wien/Leipzig 1944 [Originaltitel: »Solus ad solam«].

Goethes Briefwechsel mit einem Kinde. Briefe III, 1835.
(Bettina von Arnim an Goethe)

Balzacs Briefe an die Fremde. Übertragen von Eugênie Faber. Bd. 1. Insel-Verlag, Leipzig 1911.

Charles Baudelaire. Briefe 1841–1866, hg. v. Max Bruns, dt. von Auguste Förster. J. C. C. Bruns Verlag, Minden 1909.

Ludwig van Beethoven. Sämtliche Briefe. Kritische Gesamtausgabe mit Erläuterungen von A. C. Kalischer. Berlin 1906 ff.

Otto von Bismarck. Der Kanzler Otto von Bismarck in seinen Briefen, Reden und Erinnerungen sowie Berichten und Anekdoten seiner Zeit. Langewiesche-Brandt, Ebenhausen 1915.

Clemens Brentano. Briefe in zwei Bänden, hg. v. F. Seebaß. Hans Carel Verlag, Nürnberg 1951.

Briefe von Robert Browning und Elizabeth Barrett. Ins Deutsche übertragen von Felix Paul Greve. S. Fischer Verlag, Berlin 1905.

Die Briefe Lord Byrons. Ausgewählt, aus dem Englischen übersetzt und erläutert von Jarno Jessen. Philipp Reclam jun. Verlag, Leipzig 1927.

Byron in seinen Briefen und Tagebüchern, dargestellt von Cordula Gigon. Artemis Verlag, Zürich 1974.

Giacomo Casanovas Briefwechsel. Gesammelt und erläutert von Aldo Ravà und Gustav Gugitz. Georg Müller Verlag, München und Leipzig 1913.

Lettres d'amour de Catherine II. à Potemkine. Correspondance inédite publiée avec une introduction et des notes par Georges Outard. Calmann-Lévy Editeur, Paris 1934 (Übersetzung: Annalisa Viviani).

The Journals of Claire Clairmont. Edited by Marion Kingston Stocking. Cambridge/Mass. 1968.

Originalbriefe der Gräfin Dubarry. (Anonyme Übersetzung) Amsterdam 1780. Titelgleicher Neudruck mit Einleitung von René Schickele: Berlin, Leipzig 1905.

Gustave Flaubert. Gesammelte Werke, hg. v. E. W. Fischer. Minden 1907 ff.

Iwan Goll und Claire Goll. Briefe. Mit einem Vorwort von Kasimir Edschmid. Florian Kupferberg Verlag, Mainz/Berlin 1966.

Heinrich Heine. Briefe, hg. v. Friedrich Hirth. Bd. 6. Florian Kupferberg Verlag, Mainz 1951.

Friedrich Hölderlin. Werke und Briefe, hg. v. Friedrich Beißner und Jochen Schmidt. Bd. 2. Insel Verlag, Frankfurt 1969 (»Die Briefe der Diotima«).

Victor Hugo. Correspondance 1815–1835. Calmann Lévy Editeur, Paris 1896 (Übersetzung: Annalisa Viviani).

Franz Kafka. Briefe an Milena, hg. v. Willy Haas. Fischer Verlag, Frankfurt 1952. – Briefe 1902–1924, hg. v. Max Brod, S. Fischer Verlag, Frankfurt 1958.

John Keats. Briefe an Fanny Brawne, 1819–1820. Ins Deutsche übertragen von Adolf Girschick. Musarion Verlag, München 1924.

Heinrich von Kleist. Briefe. Geschichte meiner Seele. Ideenmagazin. Das Lebenszeugnis der Briefe, hg. v. H. Sembdner. Schünemann Verlag, Bremen 1959.

Briefe der Ninon de Lenclos. Aus dem Französischen von Lothar Schmidt. Rogner & Bernhard, München 1968, 79. Brief.

Franz Liszt. Briefe, hg. v. La Mara [Marie Lipsius]. Leipzig 1893 ff.

Alma Mahler, Gustav Mahler. Erinnerungen und Briefe. Amsterdam 1949.

Klemens Wenzel Fürst Metternich. Briefe an die Gräfin Lieven. Andermann Verlag, Wien 1942.

Montesquieu. Persische Briefe. Deutsch von Fritz Montfort. Metopen-Verlag, Wiesbaden 1947.

Die Briefe Jean Pauls, hg. v. E Berend. Bd. 1-4. München 1922–1926.

Rainer Maria Rilke, aus: Die drei Liebenden. Portugiesische Briefe der Marianna Alcoforado. it 355, Insel Verlag, Frankfurt/M. 1975. »Erster Brief«.

Alexander Puschkin. Briefe. Ausgewählt und ins Deutsche übertragen von Fega Frisch. Karl Rauch Verlag, Düsseldorf 1961.

George Sand et Alfred de Musset. Correspondance. Journal intime de George Sand, hg. v. Louis Evrard. Editions du Rocher, Monaco 1956 (Übersetzung: Annalisa Viviani).

George Bernard Shaw, Briefwechsel mit seiner Freundin Stella Campbell. S. Fischer Verlag, Frankfurt 1981.

Caroline Schelling. Carolines Leben in ihren Briefen, hg. v. R. Buchwald, eingeleitet v. Ricarda Huch. Leipzig 1914.

Robert und Clara Schumann. Briefe einer Liebe. Eingeleitet von Dietrich Fischer-Dieskau, hg. v. Hanns-Josef Ortheil. Athenäum, Königstein/Ts. 1982.

Robert Geerds, Die Mutter der Könige, Darin: Briefwechsel zwischen Sophie Dorothea von Hannover und Philipp Christoph von Königsmarck. München 1913.

Voltaires Briefwechsel. Ausgewählt und übertragen von Käthe Schirmacher. Insel-Verlag, Leipzig 1908.

Lettres d'amour de Voltaire à sa nièce. Publiées par la première fois par Théodore Besterman. Librairie Plon, Paris 1957, Briefe Nr. 25 und 110. (Übersetzung: Annalisa Viviani).

Richard Wagner an Mathilde Wesendonck. Tagebuchblätter und Briefe. Eingeleitet und besorgt von W. Golther. Leipzig 1908.

Oscar Wilde. Briefe, hg. v. Rupert Hart-Davis, dt. von Hedda Soellner. Bd. 1. Rowohlt Verlag, Reinbek 1966.

Bildnachweis

Archiv für Kunst und Geschichte, Berlin: 3, 7, 13, 14, 15

Interfoto, Pressebild-Agentur Friedrich Rauch, München: 1

François Boucher: 9, 10, 11, 12
aus: L'Art et le Beau, Numéro 6: François Boucher.
Librairie Artistique et Littéraire, Paris.

Antoine Watteau: 6
aus: J. Mathey, Antoine Watteau. Peintures réapparues inconnues ou négligées par les historiens. Librairie F. De Nobele, Paris 1959.

Alle anderen Bilder aus: Geschichte der erotischen Kunst in Einzeldarstellungen von Eduard Fuchs. 3 Bände, Albert Langen Verlag, München 1924 ff.